物語《ものがたり》で楽《たの》しむ

歴史《れきし》が変《か》わったあの一瞬《いっしゅん》2

源平編《げんぺいへん》

作◉国松俊英・大庭 桂

教育画劇

源《げん》平《ぺい》編《へん》 もくじ

この本にある三つのお話は、史実《しじつ》にもとづく歴史上《れきしじょう》のことがらを基本《きほん》に、フィクションをまじえてよみやすくまとめたものです。

時代を知ろう

武士《ぶし》の台頭《たいとう》と源平《げんぺい》の時代

平安《へいあん》時代の後期、二大勢力《せいりょく》であった源氏《げんじ》と平氏《へいし》。彼《かれ》らが台頭《たいとう》した時代とは？

武士《ぶし》の登場

都で藤原氏《ふじわらし》を中心とする貴族《きぞく》がはなやかな生活をおくっていた平安《へいあん》時代。十一世紀《せいき》ごろになると、地方では田畑をふやして富《とみ》をたくわえる有力な豪族《ごうぞく》があらわれた。彼《かれ》らは国司《こくし》（都から地方へ派遣《はけん》されて政務《せいむ》をおこなう貴族《きぞく》）の横暴《おうぼう》に抵抗《ていこう》するために、またほかの有力者とのあらそいにそなえて、集団《しゅうだん》で弓や刀をもって武装《ぶそう》するようになった。これが、武士《ぶし》のはじまりである。

力をつける武士団《ぶしだん》

都で貴族《きぞく》が政治《せいじ》をなまけているあいだに、地方では力をつけた武士《ぶし》がかってなことをやりはじ

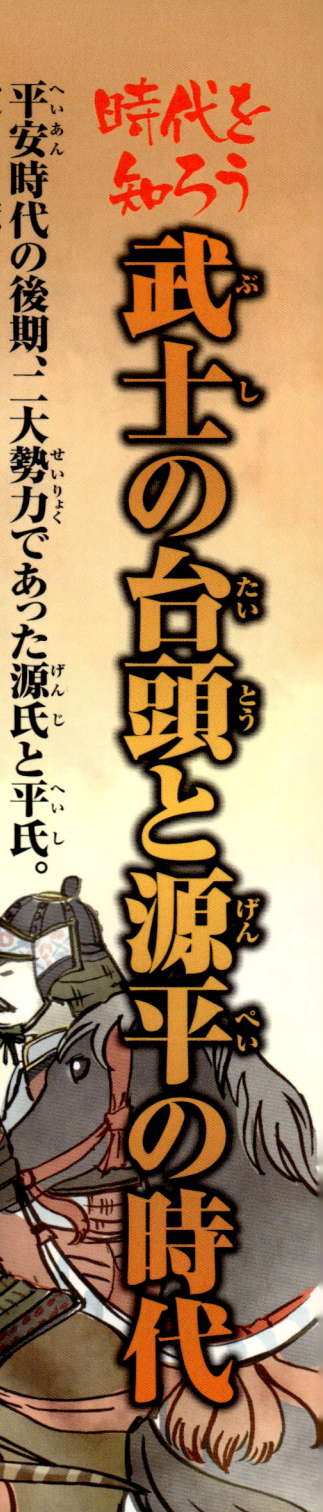

め、反乱《はんらん》があいついだ。

武士《ぶし》が反乱《はんらん》を起こすと、それを平定したのも武士《ぶし》であった。地方武士《ぶし》の力を知った朝廷《ちょうてい》や貴族《きぞく》たちは、武《ぶ》士《し》に身辺《しんぺん》の警護《けいご》をさせ、つかえさせた。大武士団《だいぶしだん》のなかで台頭《たいとう》してきたのが、源氏《げんじ》と平氏《へいし》だった。

源氏《げんじ》と平氏《へいし》　争乱《そうらん》の時代へ

十二世紀《せいき》、うちわもめを起こした藤原氏《ふじわらし》は、源氏《げんじ》と平氏《へいし》の武士《ぶし》をつかって戦《たたか》いをくりひろげた（保元《ほうげん》の乱《らん》）。今度は朝《ちょう》廷《てい》での力が強くなった源氏《げんじ》と平氏《へいし》が力をきそって、戦《たたか》いが起こった（平治《へいじ》の乱《らん》）。その結果《けっか》、平清盛《たいらのきよもり》が源氏《げんじ》をたおし、源氏《げんじ》の勢力《せいりょく》は都から追いはらわれてしまう。

清盛《きよもり》は貴族《きぞく》のなかま入りをして政治《せいじ》をおこなうようになり、平氏《へいし》はわずかのあいだにとてもさかえた。しかし平氏《へいし》一門で栄華《えいが》を独占《どくせん》したので、貴族《きぞく》からも地方武士《ぶし》からも、反感を買うことになる。

こうして、源氏《げんじ》と平氏《へいし》の争乱《そうらん》の時代がつづくことになった。

源《げん》平《ぺい》の時代を知るためのキーワード

【源氏《げんじ》と平氏《へいし》】

それぞれ地方武士団《ぶしだん》の代表格《だいひょうかく》で、天皇《てんのう》を先祖《せんぞ》とする武士《ぶし》の名門。源氏《げんじ》は源《みなもと》の氏《うじ》をもち、平氏《へいし》は平《たいら》の氏《うじ》をもつ一族。政治《せいじ》に参加《さんか》するようになり、朝廷《ちょうてい》での勢力《せいりょく》をきそった結果《けっか》、一族の存亡《そんぼう》をかけて戦《たたか》いをくりひろげた。

【奥州藤原氏《おうしゅうふじわらし》】

平安《へいあん》時代の後期に、奥州《おうしゅう》の平泉《ひらいずみ》（現在《げんざい》の岩手《いわて》県）を拠点《きょてん》として百年間にわたり栄華《えいが》をほこった一族。最《さい》盛期《せいき》には東北地方全域《ぜんいき》を支配《しはい》し、黄《おう》金《ごん》や、戦《いくさ》に強い良馬《りょうば》を産《さん》することで有名だった。四代目泰衡《やすひら》の時、源頼《みなもとのより》朝《とも》による奥州征伐《おうしゅうせいばつ》でほろぼされた。

【院政《いんせい》】

天皇《てんのう》がつぎの世代に位《くらい》をゆずって上皇《じょうこう》（院《いん》）となり、おこなう政治《せいじ》。上皇《じょうこう》が出家し、法皇《ほうおう》となって政治《せいじ》をおこなう場合もある。平安後期《こうき》の白《しら》河《かわ》、鳥羽《とば》、後白河《ごしらかわ》三代の上皇《じょうこう》による院政《いんせい》が最盛期《さいせいき》であった。

【御家人《ごけにん》】

平安《へいあん》時代には、貴族《きぞく》や武家棟梁《ぶけとうりょう》の従者《じゅうしゃ》をつとめた武士《ぶし》をさした。鎌倉《かまくら》時代には、将軍《しょうぐん》と主従関係《しゅじゅうかんけい》をむすんだ武士《ぶし》をさした。御家人《ごけにん》は将《しょう》軍《ぐん》に領地《りょうち》の権利《けんり》をまもってもらい、あたらしく領地《りょうち》をもらうかわりに、戦時《せんじ》には一族で戦《たたか》いに参加《さんか》した。

【幕府《ばくふ》】

武士《ぶし》による政府《せいふ》、またはその政権《せいけん》のこと。源頼朝《みなもとのよりとも》は、天皇《てんのう》より征夷《せいい》大将軍《たいしょうぐん》という最高《さいこう》の役職《やくしょく》に任命《にんめい》され、武家《ぶけ》の棟梁《とうりょう》（指導者《しどうしゃ》）としてはじめて幕府《ばくふ》をひらいた。

【守護《しゅご》・地頭《じとう》】

守護《しゅご》は、鎌倉《かまくら》・室町幕府《むろまちばくふ》が各地《かくち》の武士《ぶし》を統制《とうせい》するためにもうけた役《やく》職《しょく》。国ごとに配置《はいち》された。

地頭《じとう》は、各地《かくち》の荘園《しょうえん》などにおかれた役職《やくしょく》。御家人《ごけにん》が任命《にんめい》されて、土地の管理《かんり》、年貢《ねんぐ》の徴収《ちょうしゅう》、警察《けいさつ》の仕事などをおこなった。どちらも幕府《ばくふ》による全国支配《しはい》に大きな役割《やくわり》をはたした。

第一話

源氏《げんじ》と平氏《へいし》
最後《さいご》の決戦《けっせん》

～義経《よしつね》、壇《だん》の浦《うら》で戦《たたか》う～

の決戦《けっせん》へ!!
みちびいたものは?

平治《へいじ》の乱《らん》で源氏《げんじ》が平氏《へいし》にやぶれて二十年。平氏《へいし》一門が天下を支配《しはい》する時代がつづいていた。平清盛《たいらのきよもり》は太政大臣《だいじょうだいじん》にまで上り、朝廷《ちょうてい》の重要《じゅうよう》な役目は平氏《へいし》一門が独占《どくせん》した。平氏《へいし》一族は栄華《えいが》をきわめていた。

いざ、壇《だん》の浦《うら》
義経《よしつね》を勝利《しょうり》へ

しかし、天下の富《とみ》と権力《けんりょく》がひとつのところにあつまると、人々の不満《ふまん》は高まっていく。そのなかから、平氏《へいし》をたおそうとする計画が首をもたげてきた。源氏《げんじ》の武将《ぶしょう》、源《みなもと》頼政《よりまさ》は、後白河天皇《ごしらかわてんのう》の第二皇子《おうじ》である以仁《もちひと》王《おう》と話しあい、平氏打倒《へいしだとう》ののろしを上げる。

各地《かくち》にいた源氏《げんじ》一族は、この知らせにふるいたった。少年のころ伊豆《いず》にながされて、平氏《へいし》の監視《かんし》のもとにくらしていた源頼朝《みなもとのよりとも》も、立ちあがった。

はじめての合戦《かっせん》はやぶれたが、関東各地《かんとうかくち》に頼朝《よりとも》の挙兵《きょへい》をまっていた武士《ぶし》たちがいた。彼《かれ》らは頼朝《よりとも》のもとにぞくぞくとかけつけた。

ここに、源平合戦《げんぺいがっせん》の英雄《えいゆう》、源義経《みなもとのよしつね》が登場する。頼朝《よりとも》の弟である義経《よしつね》はどのようにして平氏打倒《へいしだとう》をはたしたのか。源氏《げんじ》と平氏《へいし》最後《さいご》の決戦《けっせん》、壇《だん》の浦《うら》の戦《たたか》いにせまる。

源義経《みなもとのよしつね》

(1159 ～ 89年)

源氏《げんじ》の棟梁《とうりょう》（かしら）である源義朝《みなもとのよしとも》の九男。幼名《ようみょう》は牛若丸《うしわかまる》。二才の時に平治《へいじ》の乱《らん》で父義朝《よしとも》がやぶれ、鞍馬寺《くらまでら》にあずけられた。のちに寺をぬけだし、奥州藤原氏《おうしゅうふじわらし》にかくまわれる。二十二才の時、兄頼朝《よりとも》と再会《さいかい》し、打倒平氏《だとうへいし》をちかう。

源頼朝《みなもとのよりとも》 (1147 ～ 99年)

源義朝《みなもとのよしとも》の三男で、義経《よしつね》の兄。平治《へいじ》の乱《らん》で平《へい》氏《し》にやぶれ、二十年間伊豆《いず》での流罪《るざい》生活をおくる。平氏打倒《へいしだとう》に立ちあがり、源氏《げんじ》の棟《とう》梁《りょう》として大武士団《だいぶしだん》をひきいる。

梶原景時《かじわらかげとき》

(生年不詳《せいねんふしょう》～ 1200年)

頼朝《よりとも》の信頼《しんらい》のあつい家《け》来《らい》。平氏《へいし》との合戦《かっせん》で義経《よしつね》と対立し、兄弟のなかたがいの一因《いちいん》をつくった。

人物紹介《じんぶつしょうかい》

平清盛《たいらのきよもり》 (1118 ～ 81年)

平氏《へいし》の棟梁《とうりょう》。朝廷《ちょうてい》での勢力《せいりょく》をのばし、源氏《げんじ》を戦《たたか》いでやぶって平氏《へいし》の全盛期《ぜんせいき》をつくる。武《ぶ》士《し》としてはじめて、太政大臣《だいじょうだいじん》という最高《さいこう》の地位《ちい》についた。

後白河法皇《ごしらかわほうおう》

(1127 ～ 92年)

二十九才で天皇《てんのう》に即位《そくい》、三十二才で位《くらい》をゆずっていらい、三十四年間にわたって院政《いんせい》をおこなった。平氏《へいし》や源氏《げんじ》の力を利用《りよう》した。

平宗盛《たいらのむねもり》

(1147 ～ 85年)

長兄重盛《しげもり》、父清盛《きよもり》の死後、平《へい》氏《し》一門の棟梁《とうりょう》として、反平氏《はんへいし》勢力《せいりょく》を討伐《とうばつ》する指揮《しき》を取る。

決戦《けっせん》の日

義経《よしつね》がひきいる源氏水軍《げんじすいぐん》の船は、満珠《まんじゅ》島、干珠《かんじゅ》島というふたつの小島のかげにいかりをおろした。文治《ぶんじ》元（一一八五）年、三月二十三日のことである。

源氏《げんじ》の動きを知ると、平氏水軍《へいしすいぐん》はそれまで本拠《ほんきょ》にしていた彦《ひこ》島を出た。そして九州がわの岬《みさき》のかげにある田《た》の浦《うら》という入《い》り江《え》に、船をいれて出陣《しゅつじん》の用意をした。田《た》の浦《うら》と、満珠《まんじゅ》島、干珠《かんじゅ》島は、わずか一里《り》（約《やく》四キロメートル）しかはなれていない。

瀬戸内海《せとないかい》に太陽がのぼってきて、三月二十四日となった。決戦《けっせん》の日はやってきた。

総大将《そうだいしょう》、平知盛《たいらのとももり》がひきいる平氏軍《へいしぐん》、源義経《みなもとのよしつね》が指揮《しき》を取る源氏軍《げんじぐん》。ふたつの船団《せんだん》は、壇《だん》の浦《うら》の海で、海上四、五百メートルへだてて船首をつきあわせた。

一門の盛衰《せいすい》をかけて、いま戦《たたか》いがはじまろうとしている。

どうして壇《だん》の浦《うら》での決戦《けっせん》となったのか。そこにいたるまで、どのようなことがあったのか。

それらを知るためには、富士川《ふじがわ》の戦《たたか》いと義経《よしつね》と頼朝《よりとも》の出会いまで、さかのぼらなければならない。壇《だん》の浦《うら》の戦《たたか》いの、五年前のことだった。

義経《よしつね》と頼朝《よりとも》の出会い

治承《じしょう》四（一一八〇）年十月のことだ。※駿河《するが》の国、富士《ふじ》川の河口《かこう》には、源氏《げんじ》と平氏《へいし》の大軍《たいぐん》があつまっていた。北の方角には、頂上《ちょうじょう》あたりに雪をかぶった富士《ふじ》の峰《みね》が、両軍《りょうぐん》を見おろすようにそびえていた。

白い旗《はた》の源氏軍《げんじぐん》は、棟梁《とうりょう》の源頼朝《みなもとのよりとも》が鎌倉《かまくら》から二十万の兵《へい》をひきいて、東岸に陣《じん》をしいた。西岸には赤の旗《はた》の平氏軍《へいしぐん》、七万である。平清盛《たいらのきよもり》の孫《まご》で二十三才の平惟盛《たいらのこれもり》が、関東《かんとう》の源氏《げんじ》を討《う》つため京からやってきた。

両軍《りょうぐん》は富士《ふじ》川河口《かこう》でむかいあったが、戦《たたか》わずに平氏軍《へいしぐん》がにげだした。

※駿河《するが》　現在《げんざい》の静岡《しずおか》県東部と中部。

決戦《けっせん》の前夜、川岸のアシ原でねむっていた数万羽の水鳥が、いっせいにとびあがった。雷《かみなり》か嵐《あらし》のような羽音におどろいた平氏軍《へいしぐん》は、敵《てき》がせめてきたと思って、にげだしたのだった。

戦《たたか》いのあと、頼朝《よりとも》たち、源氏《げんじ》の大将《たいしょう》たちは、黄瀬《きせ》川の本陣《ほんじん》にひきあげて、軍議《ぐんぎ》していた。

本陣《ほんじん》で食事をしていると、兵《へい》がやってきていった。

「殿《との》にお目にかかりたいという者がきております。いかがいたしましょう。」

若《わか》い武将《ぶしょう》だという。頼朝《よりとも》のそばにいる者は警戒《けいかい》した。いまは戦《いくさ》の最中《さいちゅう》だ。だれが、どんな形で頼朝《よりとも》に近づいておそうかわからない。よくきくと、その若《わか》い武将《ぶしょう》は、名前を九郎《くろう》とか義《よし》経《つね》と名のっているらしい。頼朝《よりとも》が何かを思いだすようにしていた。

「もしかすると……、※奥州《おうしゅう》にいる弟の義経《よしつね》かもしれない。すぐにとおせ。」

きたのは、頼朝《よりとも》のいちばん下の弟、源義経《みなもとのよしつね》だった。会うのははじめてだった。

義経《よしつね》と頼朝《よりとも》の父はおなじ義朝《よしとも》だったが、母はちがった。義経《よしつね》の母、常磐御前《ときわごぜん》は、近衛天皇《このえてんのう》のお妃《きさき》の身のまわりを世話する女中だった。熱田神宮《あつたじんぐう》の大宮司《だいぐうじ》の娘《むすめ》だった頼朝《よりとも》の母とはちがい、身分は低《ひく》かった。義経《よしつね》の幼名《ようみょう》は、牛若丸《うしわかまる》といった。

※**奥州《おうしゅう》**　陸奥《むつ》の国の別名《べつめい》。現在《げんざい》の東北地方。

平治《へいじ》の乱《らん》で義朝《よしとも》がやぶれると、まだ二才だった義経《よしつね》もとらえられた。母の命ごいでたすけられ、十一才の時に京都の鞍馬寺《くらまでら》にあずけられた。僧《そう》になる勉強もしたが、剣術《けんじゅつ》の修行《しゅぎょう》もおこたらなかった。

木刀をふりまわしながら、「にっくき平清盛《たいらのきよもり》め。にっくき重盛《しげもり》め。」とさけんでいたといわれる。

十六才のころ、僧侶《そうりょ》になるのをやめた義経《よしつね》は、鞍馬寺《くらまでら》をぬけだした。そして、※陸奥《むつ》の国平泉《ひらいずみ》の藤原秀衡《ふじわらのひでひら》のもとへ行った。

源氏《げんじ》に味方する藤原氏《ふじわらし》に、源氏《げんじ》を再興《さいこう》する時の力になってもらおうと思ったのだ。

数年たって、兄頼朝《よりとも》の挙兵《きょへい》を知った義経《よしつね》は平泉《ひらいずみ》を出発して、黄瀬《きせ》川の本陣《ほんじん》にやってきたのだった。

頼朝《よりとも》は義経《よしつね》に声をかけた。

「そなたが奥州《おうしゅう》にいることは、風の便《たよ》りにきいていた。兄弟であることをわすれずにいて、よくかけつけてくれた。うれしく思うぞ。これもなき父上のお引きあわせだ。父上も、草葉

※陸奥《むつ》　現在《げんざい》の東北地方。

のかげでおよろこびであろう。これからは力をあわせ、一日も早く平氏《へいし》を討《う》ちたおそう。」

「兄上、義経《よしつね》はうれしゅうございます。かならず兄上をお助けして、平氏《へいし》をたおしてみせます。」

頼朝《よりとも》と義経《よしつね》は、しっかりと手をにぎりあった。

ふたりのそばには、三浦義澄《みうらよしずみ》や千葉常胤《ちばつねたね》らの大将《たいしょう》がやってきて見まもっていた。最初《さいしょ》は心配していた大将《たいしょう》たちは、兄弟の熱《あつ》い対面に思わず涙《なみだ》をうかべた。

頼朝《よりとも》の首を取れ

富士川《ふじがわ》の戦《たたか》いの結果《けっか》をきいて、平清盛《たいらのきよもり》はおこった。源氏追討軍《げんじついとうぐん》は、頼朝《よりとも》を討《う》つどころか、源氏《げんじ》に何の損害《そんがい》もあたえることなく、京都へにげかえってきた。

「おまえたちはそれでも武士《ぶし》か。戦《たたか》わないでにげてくるとは、何となさけない。平氏《へいし》のはじをのちの世までさらすことになるのだぞ。」

平氏《へいし》の武将《ぶしょう》たちは、みんな京都で生まれてそだった。貴族《きぞく》の生活は知っていた。けれど、武士《ぶし》本来の無骨《ぶこつ》なたくましさや強さは、もっていなかった。だからきびしい戦《いくさ》を勝ちぬいていく気力はそなえていなかったのだ。

頼朝追討軍《よりともついとうぐん》がやぶれて京都に帰ったことは、すぐに各地《かくち》につたわった。追討軍《ついとうぐん》がにげかえったことは、平氏《へいし》をきらう者、源氏《げんじ》を応援《おうえん》する者たちを勇気《ゆうき》づけた。

富士川《ふじがわ》の戦《たたか》いがあったつぎの年の二月、清盛《きよもり》は高い熱《ねつ》の病気にかかった。高熱《こうねつ》はどんな手当てをしても下がらなかった。

※閏《うるう》二月二日。平氏《へいし》一門のおもだったものが、清盛《きよもり》の枕《まくら》もとにあつまった。清盛《きよもり》は最後《さいご》の力をふりしぼっていった。

「わしの寿命《じゅみょう》はもうすぐつきる。そこで、そのほうらにたのみたいことがある。」

しっかりした口調だった。

「そのほうらは、しっかり生きて、平氏《へいし》のこれからをまもれ。死んでいくわしののぞみは、ただひとつ。頼朝《よりとも》の首を見ることじゃ。わしが死んでも、葬式《そうしき》や寺はいらない。そのかわり、平氏《へいし》がひとりになっても頼朝《よりとも》と戦《たたか》え。そして、頼朝《よりとも》を討《う》ちとって、わしの墓《はか》にその首をかけよ。」

※閏《うるう》　昔の、暦《こよみ》上の季節《きせつ》とじっさいの季節《きせつ》とのずれを調節《ちょうせつ》するために加《くわ》えた月や日。

その二日後の閏《うるう》二月四日、清盛《きよもり》は息をひきとった。

清盛《きよもり》が死んだあと、二年間は大きな戦《いくさ》はなかった。一一八〇年から三年間ほど、ききんがつづいたからである。

ききんがおさまってきた寿永《じゅえい》二（一一八三）年四月、※信濃《しなの》の国の源義仲《みなもとのよしなか》（木曽義仲《きそよしなか》）がうごきはじめた。義仲《よしなか》は数万の兵《へい》をひきいて、木曽《きそ》から越中《※えっちゅう》、越後《※えちご》をとおって進撃《しんげき》していった。義仲《よしなか》の軍《ぐん》は、越中《えっちゅう》と加賀《※かが》の国境《くにざかい》にある倶利伽羅峠《くりからとうげ》で平維盛《たいらのこれもり》がひきいる平氏軍《へいしぐん》をたおし、越前《※えちぜん》から近江《※おうみ》まできた。都にいた平氏《へいし》の総大将宗盛《そうだいしょうむねもり》は、かなわないと思った。平家《へいけ》の本拠地《ほんきょち》六波羅《ろくはら》に火をはなち、平氏《へいし》一門は安徳天皇《あんとくてんのう》とともに福原《ふくはら》へにげたのだ。

京の町に入った義仲《よしなか》の軍《ぐん》は、京の人々の少ない食料《しょくりょう》をうばい、乱暴《らんぼう》をはたらいた。義仲《よしなか》の源氏軍《げんじぐん》は、京の人々にきらわれた。

さらに義仲《よしなか》は法住寺殿《ほうじゅうじどの》（後白河法皇《ごしらかわほうおう》の御所《ごしょ》）に後白河法皇《ごしらかわほうおう》をおそった。このことを知った頼朝《よりとも》は、義仲《よしなか》を討《う》つことにきめた。すぐに弟の源範頼《みなもとののりより》と義経《よしつね》を、都へ派遣《はけん》したのである。

平氏《へいし》を西に追っていった義仲《よしなか》は、討《う》てずに京へ帰ってきた。そこに鎌倉《かまくら》から、範頼《のりより》と義経《よしつね》

※信濃《しなの》　現在《げんざい》の長野《ながの》県。
※越中《えっちゅう》　現在《げんざい》の富山《とやま》県。
※越後《えちご》　現在《げんざい》の新潟《にいがた》県。
※加賀《かが》　現在《げんざい》の石川《いしかわ》県南部。
※越前《えちぜん》　現在《げんざい》の福井《ふくい》県北部。
※近江《おうみ》　現在《げんざい》の滋賀《しが》県。

の軍《ぐん》がせめてきた。義仲《よしなか》は北陸《ほくりく》にのがれようと、琵琶《びわ》湖岸の粟津《あわづ》に出たが、そこで敵《てき》に見つかった。自害《じがい》しようとした義仲《よしなか》だったが、矢に射《い》られて死んだ。

西国《さいごく》にしりぞいていた平氏軍《へいしぐん》は、源氏《げんじ》どうしが戦《たたか》っているあいだに、着々と戦《たたか》いの準備《じゅんび》をすすめていた。勢《いきお》いをもりかえした平氏軍《へいしぐん》は、京の都をめざしてすすんでくる。そして、福《ふく》原《はら》のあたりまできていた。

一《いち》の谷《たに》の奇襲作戦《きしゅうさくせん》

範頼《のりより》と義経《よしつね》は、頼朝《よりとも》の命令《めいれい》で、また平氏《へいし》の追討《ついとう》に出ることになった。

平氏《へいし》は一《いち》の谷《たに》で、源氏軍《げんじぐん》をまちかまえていた。平氏軍《へいしぐん》は、かんたんにはくずせないかたい陣《じん》をしいた。堀《ほり》をつくり、いばらの枝《えだ》をつかった柵《さく》を立て、たてを何重にもならべていた。北がわはけわしいがけで、南がわは海である。海には、平氏水軍《へいしすいぐん》の軍船《ぐんせん》がまちうけていた。

範頼《のりより》と義経《よしつね》の源氏軍《げんじぐん》は、義仲《よしなか》をせめた時のようにふた手に分かれた。兄の範頼《のりより》は、山陽道《さんようどう》を行って正面から攻撃《こうげき》する。そして義経《よしつね》は、丹後路《たんごじ》にすすんで後ろにまわってせめる。はさみうちにする作戦《さくせん》だった。
後白河法皇《ごしらかわほうおう》は、源氏軍《げんじぐん》が京を出発するとすぐに、平宗盛《たいらのむねもり》につかいを出した。

――近い内に休戦《きゅうせん》が成《な》りたつであろう。休戦《きゅうせん》が成《な》ったというつかいは、二月八日までに京都をたたせる。つかいがつくまで、戦《いくさ》をせぬよう。安徳天皇《あんとくてんのう》をつれて、三種《さんしゅ》の神器《じんぎ》をもって、京都に帰ってくるように――

平氏《へいし》は、京都を出る時、五才の安徳天皇《あんとくてんのう》をつれ、天皇《てんのう》の象徴《しょうちょう》である三種《さんしゅ》の神器《じんぎ》をもってにげた。そののち、法皇《ほうおう》は安徳天皇《あんとくてんのう》にかわるあたらしい天皇《てんのう》、後鳥羽天皇《ごとばてんのう》を即位《そくい》させた。しかし、三種《さんしゅ》の神器《じんぎ》がなければ、ほんとうの天皇《てんのう》とはいえない。後白河法皇《ごしらかわほうおう》は、どうしても三種《さんしゅ》の神器《じんぎ》を取りもどしたかったのだ。
宗盛《むねもり》は、この手紙を信用《しんよう》していた。だから、まさか源氏軍《げんじぐん》がすぐ近くまできているとは、思ってもいなかった。手紙で油断《ゆだん》させられたのだ。

義経《よしつね》は、陸《りく》のほうから兵《へい》をすすめてきた。とちゅうの三草山《みくさ》で平氏軍《へいしぐん》とぶつかった。義経《よしつね》は夜襲《やしゅう》をかけて、みごとに勝利《しょうり》した。その後、本隊《ほんたい》を予定どおり一《いち》の谷《たに》の西《にし》がわにすすませた。そして義経《よしつね》は七十騎《き》の兵《へい》をひきいて、平氏軍《へいしぐん》の赤旗《あかはた》が見おろせるがけにむかったのだ。

二月七日の夜明け、義経《よしつね》は高いがけの上にいた。そして範頼軍《のりよりぐん》が攻撃《こうげき》をはじめるのを合図に、急ながけを一気にかけおりた。両軍《りょうぐん》のときの声ががけにこだまし、馬のひづめがとどろく。がけをかけおりた義経《よしつね》の兵《へい》は、平氏《へいし》の陣《じん》に火をはなった。

攻撃《こうげき》は大成功《だいせいこう》で、平氏軍《へいしぐん》は大混乱《だいこんらん》におちいった。あわてた平氏軍《へいしぐん》は沖《おき》の船にのがれたが、この時、たくさんの武将《ぶしょう》をうしなった。

義経《よしつね》がかけおりたのは、「ひよどり越《ご》え」とよばれるがけだった。鳥しかこえられないというけわしいがけである。そこをかけおりて平氏軍《へいしぐん》の不意《ふい》をついたのだ。

義経《よしつね》ががけの上まできた時、案内《あんない》の者はいった。

「このがけは、馬ではおりられません。」

すると義経《よしつね》は、「鹿《しか》はおりるのか。」とたずねた。鹿《しか》はおりるときいて、いいはなった。

「それなら、馬がおりられぬわけはない。」

そして義経《よしつね》は、先頭に立ってがけをかけおりていったのだ。

源氏軍《げんじぐん》の圧倒的《あっとうてき》な攻《せ》めに、宗盛《むねもり》のおじ、おい、いとこたちの多くが死んだ。はじめから沖《おき》の船にのっていた宗盛《むねもり》はたすかった。けれど、平忠度《たいらのただのり》、通盛《みちもり》、経俊《つねとし》、敦盛《あつもり》らは戦死《せんし》した。

宗盛《むねもり》の弟、重衡《しげひら》は生けどりになり、京都におくられた。

捕虜《ほりょ》となった重衡《しげひら》に、法皇《ほうおう》は、兄の宗盛《むねもり》あての手紙をかかせた。


――三種《さんしゅ》の神器《じんぎ》をもち、天皇《てんのう》をおつれして都へ帰ってきてください。鎌倉《かまくら》にいる総大将《そうだいしょう》の頼朝《よりとも》は、帰ってきた者たちをけっしてばっするな、と部下に命じました。平氏《へいし》といっしょに都で法皇《ほうおう》におつかえしたい、ともいっております。兄上が都に帰られるのを、わたしはまっております――

これは重衡《しげひら》が、法皇《ほうおう》にいわれたとおりにかいた手紙だ。法皇《ほうおう》は、平時忠《たいらのときただ》にも都にもどってくるようにと手紙をかかせた。けれど、宗盛《むねもり》はふたつの手紙をやぶりすててしまった。前の手紙で信用《しんよう》して、とてもにがい思いをした。法皇《ほうおう》のいうことを、二度と信用《しんよう》しないことにしたのだ。

一《いち》の谷《たに》の戦《たたか》いでやぶれた平氏《へいし》だったが、四国の屋島《やしま》に本拠地《ほんきょち》をかまえた。そして瀬戸内海《せとないかい》の各地《かくち》を自由に行き来していた。

義経《よしつね》、三百騎《き》でせめる

一《いち》の谷《たに》の合戦《かっせん》が終わって、兄の範頼《のりより》は鎌倉《かまくら》に帰ったが、義経《よしつね》は京都にとどまった。後白河《ごしらかわ》法皇《ほうおう》と京都の町をまもる任務《にんむ》についた。

義経《よしつね》は、まじめにこの仕事に取りくんでいた。一《いち》の谷《たに》のすばらしいはたらきもつたわって、義経《よしつね》の人気は京都で高まっている。法皇《ほうおう》も義経《よしつね》に、大きな信頼《しんらい》をよせた。

法皇《ほうおう》は義経《よしつね》に、「検非違史《けびいし》・左衛門少尉《さえもんのしょうじょう》」という官位《かんい》をさずけた。都を警備《けいび》するいまの警視《けいし》総監《そうかん》のような役目である。一《いち》の谷《たに》からもどった義経《よしつね》は、京都をまもる任務《にんむ》についていたから、とうぜんのようにこの官位《かんい》をうけた。

しかし頼朝《よりとも》は、義経《よしつね》が官位《かんい》をもらったことを知ると、かんかんにおこった。鎌倉殿《かまくらどの》※につかえている武士《ぶし》が、頼朝《よりとも》のゆるしもえないで官位《かんい》をうけるということが、あってはならないというのだった。

元暦元《げんりゃく》（一一八四）年八月、範頼《のりより》は頼朝《よりとも》から四国にいる平氏《へいし》の追討《ついとう》を命じられた。範頼《のりより》は千騎《き》で鎌倉《かまくら》を出発し、兵《へい》をつのりながら山陽道《さんようどう》を西にむかった。この時、頼朝《よりとも》は京都にいる義経《よしつね》には、何の連絡《れんらく》もしなかった。頼朝《よりとも》に無断《むだん》で検非違史《けびいし》の官位《かんい》をうけたから、おこって平《へい》氏追討《しついとう》の任務《にんむ》からはずしたのだ。

範頼《のりより》の軍《ぐん》は四か月かかってようやく長門《ながと》※についた。馬も人もつかれきっていた。このあたりまでくると、平氏《へいし》に味方する者が多く、食料《しょくりょう》もなかなかあつめられなかった。腹《はら》はへるし、行軍《こうぐん》はつづくので、にげだす兵《へい》が多かった。軍《ぐん》を取りしまる役の和田義盛《わだよしもり》まで、鎌倉《かまくら》へ

※鎌倉殿《かまくらどの》　源頼朝《みなもとのよりとも》のこと。また鎌《かま》倉幕府《くらばくふ》の将軍《しょうぐん》。
※長門《ながと》　現在《げんざい》の山口《やまぐち》県西部。

帰りたいといいだした。

範頼《のりより》の軍《ぐん》は何とか九州にわたることができた。しかし、彦島《ひこ》に陣《じん》どっている平氏《へいし》をせめて、討《う》ちほろぼしてしまう力などなかった。こうした範頼《のりより》の軍《ぐん》のようすは、鎌倉《かまくら》にもつたえられた。このままでは、逆《ぎゃく》に平氏《へいし》にやられてしまうかもしれない。そう考えた頼朝《よりとも》は、しぶしぶ義経《よしつね》にも出陣《しゅつじん》するように命じた。

義経《よしつね》は、※摂津《せっつ》の国の渡辺《わたなべ》の港に、四国へわたるための船を用意するようたのんだ。そして準備《じゅんび》がととのったが、嵐《あらし》となり船を出すことはできなくなった。

義経《よしつね》たちは作戦会議《さくせんかいぎ》をひらいた。どうすれば、海上の戦《たたか》いに強い平氏軍《へいしぐん》に勝つことができるかを話しあった。

話しあいのなかで梶原景時《かじわらかげとき》は、船に逆櫓《さかろ》をつけたらどうかと提案《ていあん》した。景時《かげとき》は、頼朝《よりとも》がとても信頼《しんらい》している武士《ぶし》のひとりだった。ふつう船には、ひとつしか櫓《ろ》はついていない。けれど、へさきや、とも、わきにも櫓《ろ》をつければ、左右、後ろにも自由に操作《そうさ》できる。

義経《よしつね》はその提案《ていあん》をつっぱねた。戦《いくさ》というのは、後ろに下がることを考えてやるものではな

※摂津《せっつ》　現在《げんざい》の大阪府《おおさかふ》北西部と兵庫《ひょうご》県南東部。

い。だから、逆櫓《さかろ》など必要《ひつよう》ないといったのだ。景時《かげとき》は、とても不満《ふまん》なようすで、会議《かいぎ》のあいだじゅう義経《よしつね》をにらみつけていた。

この作戦会議《さくせんかいぎ》で義経《よしつね》は、頼朝《よりとも》が信頼《しんらい》している家来《けらい》と対立した。これらのできごとがつみかさなり、義経《よしつね》の不幸《ふこう》につながっていく。

その夜、嵐《あらし》はまだおさまっていないのに、義経《よしつね》は五そうの船で瀬戸内海《せとないかい》にこぎだした。船は強い風におされるようにして、わずか六時間で四国にわたりきった。そこは、※阿波《あわ》の国の勝浦《かつうら》川の河口《かこう》だった。

義経《よしつね》たちはそこから馬にのり、全速力で屋島《やしま》をめざした。義経《よしつね》は、敵《てき》が油断《ゆだん》している時に近づいて、攻撃《こうげき》する方法《ほうほう》をとろうとしていた。一《いち》の谷《たに》の合戦《かっせん》とおなじ、奇襲作戦《きしゅうさくせん》である。

一日でかけぬけ、義経《よしつね》たちは屋島《やしま》をのぞむ海岸に出た。屋島《やしま》は、遠浅《とおあさ》の海にうかぶ島だった。潮《しお》が引くと、馬でわたることができた。

平氏《へいし》は三千の兵《へい》でまもっていたが、義経《よしつね》の軍《ぐん》はたった三百騎《き》だった。けれど、平氏《へいし》は敵《てき》が瀬戸内海《せとないかい》をわたって、船でせめてくると思っていた。それが、とつぜん陸《りく》からせめてきたの

※阿波《あわ》　現在《げんざい》の徳島《とくしま》県。

で、まったく応戦《おうせん》できなかった。大あわてで船にのり、海上へにげた。平氏《へいし》は屋島《やしま》をすて、西ににげた。

梶原景時《かじわらかげとき》が百四十そうの船で屋島《やしま》についた時、もう戦《いくさ》は終わっていた。梶原《かじわら》は、嵐《あらし》がおさまってから渡辺《わたなべ》の港を出発したのだった。平氏《へいし》はみんなにげて、もえた安徳天皇《あんとくてんのう》の仮御所《かりごしょ》から煙《けむり》が立ちのぼっているだけだった。

「梶原殿《かじわらどの》、船団《せんだん》をはこんできてくれて、まことにご苦労《くろう》であった。」

義経《よしつね》は、たっぷりいやみをこめていった。景時《かげとき》は、平氏《へいし》をやぶった義経《よしつね》に何もいいかえすことはできなかった。

いざ、壇《だん》の浦《うら》の決戦《けっせん》へ

屋島《やしま》をのがれた平氏《へいし》は、瀬戸内海《せとないかい》の西のはし、彦島《ひこ》に本拠《ほんきょ》をかまえた。九州の北には、範頼《のりより》がひきいる源氏《げんじ》の軍《ぐん》がいる。東からは義経《よしつね》の軍《ぐん》がせまってくる。平氏《へいし》は、すすむことも、しりぞくこともできなくなっていた。

きたるべき決戦《けっせん》にそなえ、義経《よしつね》のひきいる軍《ぐん》は、一か月ほどかけて準備《じゅんび》をおこなっていた。義経《よしつね》は、奇襲攻撃《きしゅうこうげき》や電撃的《でんげきてき》な速攻《そっこう》をとくいとする人だ。一の谷《いちのたに》の戦《たたか》いや屋島《やしま》の戦《たたか》いでも、そうした戦《たたか》いぶりで勝利《しょうり》を勝ちとった。けれど義経《よしつね》は、奇襲攻撃《きしゅうこうげき》や速攻《そっこう》だけの人ではなかった。戦《いくさ》の前にじっくりと戦略《せんりゃく》をねり、どうすれば勝てるかを考えた人だった。じゅうぶんに戦略《せんりゃく》をねったうえで、有利《ゆうり》に戦《いくさ》をはこぶため、味方をしてくれる武将《ぶしょう》を味方にひきいれ、武器《ぶき》をふやす準備《じゅんび》などをおこたらなかった。

屋島《やしま》の戦《たたか》いが終わって一か月、義経《よしつね》は平氏《へいし》の水軍《すいぐん》についての情報《じょうほう》をあつめ、戦力《せんりょく》の分析《ぶんせき》、九州にいる範頼軍《のりよりぐん》との連絡《れんらく》などを懸命《けんめい》にやっていた。そして、源氏《げんじ》の軍船《ぐんせん》と兵《へい》をととのえること、食料《しょくりょう》を確保《かくほ》することにも力をいれていたのだ。

九州にわたった範頼軍《のりよりぐん》には、今度の決戦《けっせん》に加《くわ》わる水軍《すいぐん》の力はない。源氏《げんじ》の水軍《すいぐん》は、すべて義経《よしつね》がととのえなければならなかった。

「平氏《へいし》の水軍《すいぐん》は強力だ。それにうち勝つためには、じゅうぶんな軍船《ぐんせん》と兵《へい》を用意する必要《ひつよう》がある。」

それに、平氏《へいし》にとっては最後《さいご》になるかもしれない戦《いくさ》だ。

「相手は、死にものぐるいで戦《たたか》いをいどんでくる。どう戦《たたか》うかを考えて、戦《いくさ》にのぞまなければならない。」

源氏《げんじ》の武将《ぶしょう》をあつめて、義経《よしつね》はいった。

義経《よしつね》が軍《ぐん》をととのえている時、熊野《くまの》の別当湛増《べっとうたんぞう》が二百をこえる兵船《へいせん》でやってきた。河野通信《こうのみちのぶ》も百五十そうあまりとともに源氏軍《げんじぐん》に参加《さんか》してくれた。熊野水軍《くまのすいぐん》と河野水軍《こうのすいぐん》の参加《さんか》は、とても力強いものだった。これで源氏《げんじ》の船団《せんだん》は、七百そうあまりとなった。

義経《よしつね》の軍《ぐん》は、平氏《へいし》がいる西にむかうとちゅうで、※周防《すおう》の国の大島《おお》の港に軍船《ぐんせん》をとめた。ここで陣《じん》をととのえる。そこに、周防《すおう》の船所正利《ふなどころまさとし》がきた。

「われらも源氏《げんじ》の軍《ぐん》に加《くわ》えてくだされ。」

「かたじけない。よくきてくだされた。」

義経《よしつね》は大歓迎《だいかんげい》だった。船所《ふなどころ》の船団《せんだん》は、このあたりの海を庭のようにして走りまわっている。

※周防《すおう》　現在《げんざい》の山口《やまぐち》県東部。

もちろん関門海峡《かんもんかいきょう》の水路もよく知っている。船所《ふなどころ》の船団《せんだん》は、源氏《げんじ》にはとても大きな戦力《せんりょく》だった。大島《おおしま》の港では、範頼軍《のりよりぐん》があずかっていた三浦義澄《みうらよしずみ》の水軍《すいぐん》も合流した。義澄《よしずみ》もこのあたりの海をよく知っていたので、義澄《よしずみ》が壇《だん》の浦《うら》への案内役《あんないやく》をつとめた。

源氏《げんじ》の船団《せんだん》は、準備《じゅんび》がととのい、西にむかおうとした。

その時源氏軍《げんじぐん》では、梶原景時《かじわらかげとき》が先陣《せんじん》を申しでた。ところが、義経《よしつね》は先陣《せんじん》を切るのは自分であるといってゆずらなかった。

「義経殿《よしつねどの》、あなたは源氏軍《げんじぐん》の大将《たいしょう》であられる。後方で戦《いくさ》の指揮《しき》を取ってもらいたい。」

景時《かげとき》のことばに、義経《よしつね》はいいかえした。

「何をいわれる。源氏軍《げんじぐん》の大将《たいしょう》は鎌倉《かまくら》の頼朝殿《よりともどの》だ。わたしは、頼朝殿《よりともどの》の命令《めいれい》でここにきている。おぬしとは同格《どうかく》である。」

いいあいになって、景時《かげとき》はいいまかされた。それで景時《かげとき》は義経《よしつね》に、器量《きりょう》が小さい人だといやみのことばをはいた。義経《よしつね》はおこりだして、太刀《たち》に手をかけた。景時《かげとき》も負けていないで、太刀《たち》をつかんだ。それで、景時《かげとき》の息子や家来《けらい》と、義経《よしつね》の家来《けらい》たちはにらみあいになった。

三浦義澄《みうらよしずみ》らの武将《ぶしょう》たちは、あわてて双方《そうほう》のなかに入り、両方をいさめた。

「これから大事な戦《いくさ》がはじまろうというのに、何をしておられますか。どうしうちになれば、よろこぶのは平氏《へいし》だけです。」

そのことばに、双方《そうほう》はにらみあいをやめた。

源平《げんぺい》、命がけの戦《たたか》い

三月二十三日、源氏《げんじ》の水軍《すいぐん》は、壇《だん》の浦《うら》の満珠《まんじゅ》島、干珠《かんじゅ》島あたりでいかりをおろした。

文治《ぶんじ》元（一一八五）年、三月二十四日の朝、田《た》の浦《うら》を出てやってきた平氏軍《へいしぐん》と源氏軍《げんじぐん》は、壇《だん》の浦《うら》の海上でぶつかった。決戦《けっせん》は、長門《ながと》の国、壇《だん》の浦《うら》を舞台《ぶたい》にしてはじまった。

平氏《へいし》の大将《たいしょう》、平知盛《たいらのとももり》は、船のへさきに立った。そして平氏《へいし》の船にむかってさけんだ。

「よいか、戦《いくさ》は今日《きょう》かぎりだ。者ども、一歩もしりぞくな。命をおしむな、名をおしめ。九《く》※郎《ろう》をひっとらえて、この船につきだせー。」

※**九郎《くろう》**　源義経《みなもとのよしつね》のこと。源義朝《みなもとのよしとも》の九男であることから、九郎義経《くろうよしつね》ともよばれた。

平氏軍《へいしぐん》は、五百そうあまりの船を三手に分けて、戦《いくさ》をいどんできた。戦《いくさ》がはじまると、平氏軍《へいしぐん》は源氏《げんじ》がたじたじとなるほど、勢《いきお》いよく矢を射《い》かけてきた。源氏《げんじ》の兵《へい》は矢をうけて、つぎつぎにたおれる。源氏軍《げんじぐん》は苦戦《くせん》をしいられた。平氏《へいし》の最初《さいしょ》の一撃《いちげき》は、源氏《げんじ》に大きな打撃《だげき》をあたえた。

源氏軍《げんじぐん》が態勢《たいせい》を立てなおしている時だ。

「白旗《しらはた》が舞《ま》いおりてきたぞ。」

高い空から一枚《まい》の白《しろ》い旗《はた》が、ひらひらととんできて、源氏軍《げんじぐん》の船のへさきに舞《ま》いおりた。白《しろ》い旗《はた》は源氏《げんじ》の旗《はた》じるしだ。

「白《しろ》い旗《はた》が舞《ま》いおりるとは、※吉兆《きっちょう》だ。」

「おおーっ。」

源氏《げんじ》の兵《へい》たちは、元気のよい声を上げた。

ちょうど同じ時だ。イルカの大群《たいぐん》が平氏《へいし》の船団《せんだん》の下をとおりすぎる、ということがあった。平氏《へいし》の武士《ぶし》が顔色を変《か》えた。

※吉兆《きっちょう》　よいことが起こる前ぶれ。

「いかん、イルカの群《む》れが、船の下をおよいでいく。不吉《ふきつ》なことが起きなければよいが。」

平氏《へいし》の武士《ぶし》が心配したとおりになった。このできごとをきっかけに、戦《いくさ》の形勢《けいせい》は変《か》わったのである。

おされていた源氏《げんじ》の船団《せんだん》が、じりっじりっと西へせめはじめた。

義経《よしつね》は、源氏《げんじ》の兵《へい》たちに命じた。

「矢は、水夫《かこ》やかじとりをねらうのだ。平氏《へいし》など、少しもこわくないぞ。」

船の水夫《かこ》（こぎ手）やかじとりを弓矢でたおせば、船は自由にうごけなくなってしまう。そうなれば、戦《たたか》いは有利《ゆうり》になる。義経《よしつね》はそれをねらっていたのだ。

水夫《かこ》やかじとりがつぎつぎにたおれて、船はあやつれなくなった。

平氏《へいし》の武将《ぶしょう》のなかに、平教経《たいらののりつね》がいた。清盛《きよもり》の弟、教盛《のりもり》の子だ。教経《のりつね》は、弓の名手だった。屋島《やしま》の戦《たたか》いでは、義経《よしつね》の大切な家臣《かしん》、佐藤継信《さとうつぐのぶ》を弓で討《う》ったのがこの教経《のりつね》だった。壇《だん》の浦《うら》の戦《たたか》いで、教経《のりつね》は義経《よしつね》を討《う》とうとねらっていた。平氏《へいし》がほろびる前に、敵《てき》の大将《たいしょう》の首を取ろうとしたのである。

教経《のりつね》は義経《よしつね》の顔を知らなかったので、ともかく大将《たいしょう》らしいりっぱなよろいとかぶとをつけた武将《ぶしょう》をさがした。船から船へとびうつって、義経《よしつね》らしい武将《ぶしょう》を追いもとめたのだ。

義経《よしつね》は、味方からこのことを知らされ、教経《のりつね》をさけるようにしていた。ところがふとしたことで、教経《のりつね》と同じ船にのりあわせてしまった。教経《のりつね》は、義経《よしつね》を見かけると、これが大将《たいしょう》だとひらめいた。それで、義経《よしつね》めがけてとびかかってきたのだ。

必死《ひっし》で追いかけてくる教経《のりつね》を見ると、太刀《たち》を小わきにはさんで、二丈《じょう》（六メートル）ほどはなれた味方の船にひらりととびうつった。そしてつぎつぎと八そうの船を、とびうつっていったという。それは義経《よしつね》の「八そうとび」といわれた。このすばやい身のこなしと跳躍力《ちょうやくりょく》には、教経《のりつね》は勝てなかった。歯ぎしりしながら、追うのをあきらめた。

平氏軍《へいしぐん》が苦戦《くせん》をはじめた時、戦《いくさ》を大きくきめるできごとが起きた。

平氏軍《へいしぐん》には、阿波民部成良《あわのみんぶしげよし》がひきいる四国の軍船《ぐんせん》、百そうが参加《さんか》していた。ところが、成良《しげよし》の軍船《ぐんせん》は、合戦《かっせん》の場から少ししりぞいて、戦《たたか》おうとしなかった。

「平氏《へいし》か、源氏《げんじ》か。どちらが勝つか。」

成良《しげよし》は、平氏《へいし》が強ければ平氏《へいし》に、源氏《げんじ》が勝ってくれば源氏《げんじ》につこうと考えていた。それで、成良《しげよし》の百そうは戦《たたか》わずに、はなれたところで見物していたのだ。平氏《へいし》の水夫《かこ》やかじとりが射《い》られたことで、源氏《げんじ》が優勢《ゆうせい》になった。

「よし、この戦《いくさ》は源氏《げんじ》が勝つ。」

成良《しげよし》はそう判断《はんだん》した。そして、源氏方《げんじがた》についたのだ。

成良《しげよし》が平氏《へいし》をうらぎって源氏方《げんじがた》についたのを知ると、四国や九州の武将《ぶしょう》は、つぎつぎに源氏方《げんじがた》に寝《ね》がえった。

平氏《へいし》、壇《だん》の浦《うら》の海に消える

平氏《へいし》の船に、源氏《げんじ》から矢がたくさん射《い》かけられる。源氏《げんじ》の兵《へい》が船にのりうつってくる。平氏軍《へいしぐん》の兵《へい》はつぎつぎに斬《き》られた。海に落とされる兵《へい》もたくさんいた。

形勢《けいせい》はすっかり逆転《ぎゃくてん》した。源氏軍《げんじぐん》は平氏《へいし》を、壇《だん》の浦《うら》の岸に追いつめていった。

船をすてて上陸《じょうりく》しようとしても、岸には範頼軍《のりよりぐん》の兵《へい》がまちうけていて、矢を射《い》かけてきた。大将《たいしょう》の知盛《とももり》は、敗戦《はいせん》を覚悟《かくご》した。小船にのって、安徳天皇《あんとくてんのう》がのった船に行った。

「見ぐるしいものは、すべて海にすてるのだ。」

船をきれいにして、最後《さいご》の時をむかえようとした。

天皇《てんのう》は、まだ八才になったばかりだった。天皇《てんのう》は、二位尼《にいのあま》といっしょにいた。二位尼《にいのあま》は清《きよ》盛《もり》の妻《つま》、時子《ときこ》だ。

二位尼《にいのあま》は、知盛《とももり》のようすを見て、すべてをさっした。それで船の女官《にょかん》たちにいった。

「つかまって敵《てき》のはずかしめをうけるわけにはいきません。最後《さいご》まで帝《みかど》におつかえしようと思う者は、わたしにつづきなさい。」

そして安徳天皇《あんとくてんのう》をだきあげた。すると、天皇《てんのう》がたずねた。

「尼御前《あまごぜ》、これからどこに行くのですか。」

「源氏《げんじ》の武士《ぶし》どもが、この船に矢を射《い》てまいります。それで、安全な場所にまいろうと思います。海の底《そこ》にも都がございます。」

二位尼《にいのあま》はそういうと、天皇《てんのう》をだいたまま、海に身をなげた。

それを見て、天皇《てんのう》の母の建礼門院《けんれいもんいん》（清盛《きよもり》の娘《むすめ》、徳子《とくこ》）も、石やすずりをふところにいれて、船からとびこんだ。

平氏《へいし》の大将《たいしょう》の知盛《とももり》、清盛《きよもり》の弟の経盛《つねもり》、教盛《のりもり》兄弟ら、おもだった平氏《へいし》の武将《ぶしょう》たちはよろいをつけたまま、船のいかりをせおって、海のなかにしずんでいった。

多くの平氏《へいし》の武将《ぶしょう》は、壇《だん》の浦《うら》の海を死に場所にえらんだ。けれど平氏《へいし》の総大将《そうだいしょう》ともいうべき宗盛《むねもり》とその子、清宗《きよむね》は源氏《げんじ》につかまって、捕虜《ほりょ》となった。

天皇《てんのう》の母、建礼門院《けんれいもんいん》は、源氏《げんじ》の武将《ぶしょう》が見つけてひきあげ、一命を取りとめた。

戦《たたか》いは終わった。海の上にちぎれてただよう赤い旗《はた》が、平氏《へいし》一門のながすなみだのように思えた。

「なき父のかたきを討《う》ったぞ。平氏《へいし》の世は終わりをつげ、源氏《げんじ》の時代がやってくる。兄上もきっとよろこんでくれるにちがいない。」

ひきあげていく船の上で、義経《よしつね》の目はとくいげにかがやいていた。

義経《よしつね》は、天皇《てんのう》がもっていた三種《さんしゅ》の神器《じんぎ》を必死《ひっし》でさがしもとめた。鏡《かがみ》と玉は見つかったが、剣《つるぎ》はどうしても発見することはできなかった。

追われる義経《よしつね》

義経《よしつね》は、平宗盛《たいらのむねもり》、その子清宗《きよむね》、平時忠《たいらのときただ》など平氏《へいし》の捕虜《ほりょ》をつれて京都に凱旋《がいせん》した。安徳天皇《あんとくてんのう》と宝剣《ほうけん》はうしなってしまった。けれど鏡《かがみ》と玉は見つかり、朝廷《ちょうてい》の特使《とくし》にひきわたすことができた。鎌倉《かまくら》に使者をおくって、頼朝《よりとも》にも壇《だん》の浦《うら》の戦《いくさ》のようすを報告《ほうこく》した。

――三月二十四日、長門《ながと》の国赤間関《あかまがせき》の海上で、平氏《へいし》の水軍《すいぐん》と戦《たたか》いました。わが軍《ぐん》はよく戦《たたか》い、午後になって勝利《しょうり》をえることができました。平氏《へいし》はほろびたのです。敵《てき》の大《たい》将《しょう》、平知盛《たいらのとももり》はじめおもだった武将《ぶしょう》は入水《じゅすい》して、海のもくずときえました。――

義経《よしつね》は、頼朝《よりとも》からほめてもらえると思っていた。自分が源平合戦《げんぺいがっせん》の、第一の功労者《こうろうしゃ》だと信《しん》じていたからである。ところが頼朝《よりとも》は、つぎのようなおふれを出した。

「義経《よしつね》は頼朝《よりとも》の命により、西国《さいごく》に派遣《はけん》した者だ。しかし身がってな行動が多い。頼朝《よりとも》の御家《ごけ》人《にん》を自分の家来《けらい》のようにあつかうので、みなのうらみを買っている。これからのち、頼朝《よりとも》に忠節《ちゅうせつ》をちかう者は義経《よしつね》にしたがってはならない。」

頼朝《よりとも》は一《いち》の谷《たに》や壇《だん》の浦《うら》でいっしょに戦《たたか》った武将《ぶしょう》に、義経《よしつね》にしたがうなと命じたのだ。思ってもみなかった頼朝《よりとも》のことばだった。

義経《よしつね》は京の都でとても人気があった。法皇《ほうおう》の信頼《しんらい》もあった。しかし頼朝《よりとも》は、義経《よしつね》が朝廷《ちょうてい》の勢力《せいりょく》とむすんで大きな力になり、自分をおびやかす存在《そんざい》になることを警戒《けいかい》していた。

それから、頼朝《よりとも》が信頼《しんらい》し軍奉行《いくさぶぎょう》※として派遣《はけん》した梶原景時《かじわらかげとき》は、こう報告《ほうこく》した。

――判官殿《ほうがんどの》（義経《よしつね》のこと）は、このたびの戦《いくさ》の勝利《しょうり》を自分ひとりの手がらと考えています。判官殿《ほうがんどの》は、壇《だん》の浦《うら》の戦《たたか》いのあととても思いあがっていばるようになり、多くの将《しょう》

※軍奉行《いくさぶぎょう》　戦《たたか》いの時、その総指揮《そうしき》をおこなう役目。

たちの不満《ふまん》が高まっています。わたしは何度もいさめたのですが、そのため判官殿《ほうがんどの》の怒《いか》りを買いそうです。――

これだけではない。九州にいた範頼《のりより》から鎌倉《かまくら》へ、「義経《よしつね》は、九州でのわたしの仕事も横どりしてしまいました。」とうったえてきたのだった。

義経《よしつね》は頼朝《よりとも》が誤解《ごかい》していると思った。それですぐに鎌倉《かまくら》に行って、頼朝《よりとも》と会い誤解《ごかい》をとこうと考えた。けれど鎌倉《かまくら》に行った義経《よしつね》は、対面を拒否《きょひ》された。鎌倉《かまくら》の手前、腰越《こしごえ》で義経《よしつね》は長い手紙をかく。頼朝《よりとも》からは、鎌倉《かまくら》にはくるな、京に帰れというつめたい命令《めいれい》がきた。

そのあと、頼朝《よりとも》は義経《よしつね》の暗殺《あんさつ》を決意して、討手《うって》の土佐坊《とさのぼう》を京へさしむけた。土佐坊《とさのぼう》は逆《ぎゃく》に義経《よしつね》に討《う》たれてしまう。義経《よしつね》は頼朝《よりとも》から追われる身となり、ついに奥州《おうしゅう》の藤原秀衡《ふじわらのひでひら》のもとにのがれた。奥州《おうしゅう》でしずかにしていたが、しかし藤原秀衡《ふじわらのひでひら》が亡《な》くなると、頼朝《よりとも》は義経《よしつね》の逮捕《たいほ》を命じる院宣《いんぜん》（法皇《ほうおう》の命令《めいれい》をかいた文書）を、朝廷《ちょうてい》からあとつぎの藤原泰衡《ふじわらのやすひら》に、つぎつぎにおくらせた。

頼朝《よりとも》自身も、義経《よしつね》の身がらをひきわたしたら、ばく大な恩賞《おんしょう》をさずけるという書状《しょじょう》をおくった。泰衡《やすひら》は承知《しょうち》しなかったが、頼朝《よりとも》は朝廷《ちょうてい》に、泰衡追討令《やすひらついとうれい》をねがったのである。

ついに泰衡《やすひら》は頼朝《よりとも》のおどしに負けた。そして義経《よしつね》を討《う》つことをきめ、数百の兵《へい》が平泉《ひらいずみ》の高《たか》館《だち》にすむ義経《よしつね》をおそった。義経《よしつね》と家来《けらい》は戦《たたか》ったが、つぎつぎに討《う》ち死にし、義経《よしつね》は自害《じがい》した。

彗星《すいせい》の如《ごと》くあらわれ、平氏《へいし》をたおすために大活躍《だいかつやく》した義経《よしつね》だった。けれど三十一才でその生涯《しょうがい》を終えた。

もっと知りたい!

源平合戦《げんぺいがっせん》

源平合戦《げんぺいがっせん》にかかわる資料館《しりょうかん》やゆかりの場所などを紹介《しょうかい》します。歴史《れきし》の知識《ちしき》も深まるよ!

壇《だん》の浦古戦場跡《うらこせんじょうあと》

文治《ぶんじ》元（一一八五）年、源氏《げんじ》と平氏《へい》の最後《さいご》の戦《たたか》いとなった壇《だん》の浦合戦《うらかっせん》の跡《あと》。古戦場《こせんじょう》に面する、みもすそ川《がわ》公園内には、源義《みなもとのよし》経《つね》と平知《たいらのとも》盛《もり》両雄《りょうゆう》の像《ぞう》がある。

山口《やまぐち》県下関《しものせき》市みもすそ川《がわ》町1番

屋島寺宝物館《やしまじほうもつかん》

屋島《やしま》の戦《たたか》いで平氏《へいし》が用意した扇《おうぎ》の的《まと》をみごと射落《いお》とした、那須与一《なすのよいち》ゆかりの「源氏《げんじ》の白旗《しらはた》」、「源氏《げんじ》の勝臼《かちうす》」などが所蔵《しょぞう》されている。

安徳天皇社《あんとくてんのうしゃ》

平氏《へいし》が屋島《やしま》に陣《じん》をかまえているあいだ、安徳天皇《あんとくてんのう》の仮《かり》の皇居《こうきょ》としてつくった宮《みや》の跡《あと》。一《いち》の谷《たに》の合戦《かっせん》で負けて屋島《やしま》ににげのびてきた平氏《へいし》の大《たい》将《しょう》、平宗盛《たいらのむねもり》が宮《みや》をつくらせたが、屋《や》

©tabiseto.com

〒761-0111
香川《かがわ》県高松《たかまつ》市屋島東《やしまひがし》町1808
☎087-841-9418

島《しま》の合戦《かっせん》で源氏《げんじ》に焼《や》きはらわれた。その跡《あと》に建《た》てられた社《やしろ》。

©tabiseto.com

香川《かがわ》県高松《たかまつ》市屋島東《やしまひがし》町557-1

赤間神宮《あかまじんぐう》

壇《だん》の浦《うら》の戦《たたか》いにやぶれて入水《じゅすい》した平清盛《たいらのきよもり》の孫《まご》、安徳天皇《あんとくてんのう》をまつる。朱《しゅ》塗《ぬ》りの水天門《すいてんもん》は「波の下の都」を思わせるはなやかな龍宮《りゅうぐう》づくりで、目をひく。境内《けいだい》には平氏《へいし》の武将《ぶしょう》の墓碑《ぼひ》、七盛塚《ななもりづか》がある。

〒750-0003
山口《やまぐち》県下関《しものせき》市阿弥陀寺《あみだいじ》町4-1
☎083-231-4138

源平壇之浦合戦絵巻壁画《げんぺいだんのうらがっせんえまきへきが》

有田焼《ありたやき》の陶板《とうばん》千四百枚《まい》をつかった壁画《へきが》が、四十四メートルつづく。義《よし》経《つね》の八そうとび、安徳天皇《あんとくてんのう》と二位尼《にいのあま》の入水《じゅすい》など、壇《だん》の浦《うら》の戦《たたか》いにちなむ多くの話がもりこまれている。

福岡《ふくおか》県北九州《きたきゅうしゅう》市門司《もじ》区大字門司《おおあざもじ》
(和布刈《めかり》公園第2展望台《てんぼうだい》)
☎093-321-6110
(門司港駅観光案内所《もじこうえきかんこうあんないじょ》)

鞍馬寺《くらまでら》　僧正《そうじょう》ガ谷《だに》不動堂《ふどうどう》

のちの源義経《みなもとのよしつね》、牛若丸《うしわかまる》が幼少時《ようしょうじ》にあずけられていた鞍馬寺《くらまでら》。牛若丸《うしわかまる》はこの不動堂《ふどうどう》のあたりで鞍馬天狗《くらまてんぐ》に出会い、剣術修行《けんじゅつしゅぎょう》をおこなったというつたえがある。

〒601-1111
京都《きょうと》府《ふ》京都《きょうと》市左京《さきょう》区鞍馬《くらま》本《ほん》町1074
☎075-741-2003

高松平家物語歴史館《たかまつへいけものがたりれきしかん》

『平家物語《へいけものがたり》』の十七の名場面を、およそ三百体のリアルな蝋人形《ろうにんぎょう》で再現《さいげん》している。

〒760-0065　香川《かがわ》県高松《たかまつ》市朝日《あさひ》町3丁目6番38号
☎087-823-8400

高松市歴史資料館《たかまつしれきししりょうかん》

屋島《やしま》の合戦《かっせん》にちなんで、源平合戦《げんぺいがっせん》に関《かん》する絵画《かいが》や書籍《しょせき》などの資料《しりょう》を収集《しゅうしゅう》、展示《てんじ》している。

〒760-0014
香川《かがわ》県高松《たかまつ》市昭和《しょうわ》町一丁目2番20号
☎087-861-4520

おすすめの本

・『絵巻平家物語《えまきへいけものがたり》』全9巻《かん》　ほるぷ出版《しゅっぱん》
2000年刊行《かんこう》
・『源義経《みなもとのよしつね》』全3巻《かん》　国土社《こくどしゃ》　2004年刊行《かんこう》

ウェブサイト

・源平《げんぺい》の部屋《へや》
下関市《しものせきし》観光政策課《かんこうせいさくか》が運営《うんえい》する源平史跡紹介《げんぺいしせきしょうかい》ページ。源平合戦《げんぺいがっせん》について楽しく学べる。
http://www.city.shimonoseki.yamaguchi.jp/kanko/genpei/

第二話
弟義経《よしつね》を討《う》て

～源頼朝《みなもとのよりとも》・武士《ぶし》の時代をひらく決断《けつだん》の瞬間《しゅんかん》～

義経《よしつね》兄弟をいた運命とは??

平氏《へいし》一族に都を追われ、不自由《ふじゆう》な地方での生活のすえに、再会《さいかい》をはたした源頼朝《みなもとのよりとも》と弟の義経《よしつね》。ふたりは打倒平氏《だとうへいし》をちかいあった。源氏《げんじ》と平氏《へいし》の存亡《そんぼう》をかけた戦《たたか》いで、義経《よしつね》はめざましい活躍《かつやく》をする。そしてついに、壇《だん》の浦《うら》にて平氏《へいし》をほろぼす。

ところが、ともに戦《たたか》ったはずの兄頼朝《よりとも》は、義経《よしつね》に対してつめたいしうちをする。いっぽうで、朝廷《ちょうてい》の後白河法皇《ごしらかわほうおう》は、すぐれた武将《ぶしょう》である義経《よしつね》を、そばにとどめてかわいがる。兄弟のあいだにできたみぞはやがて、うめることのできない深いみぞとなってふたりをへだてる。

天才的《てんさいてき》な戦略《せんりゃく》で平氏《へいし》を滅亡《めつぼう》へみ

頼朝《よりとも》・まちうけて

ちびいた義経《よしつね》と、武士《ぶし》の世をきずくことになった偉大《いだい》な政治家《せいじか》、頼《より》朝《とも》。頼朝《よりとも》はなぜ、弟義経《よしつね》をみとめなかったのか。ふたりの運命のゆくえは……。

人物《じんぶつ》紹介《しょうかい》

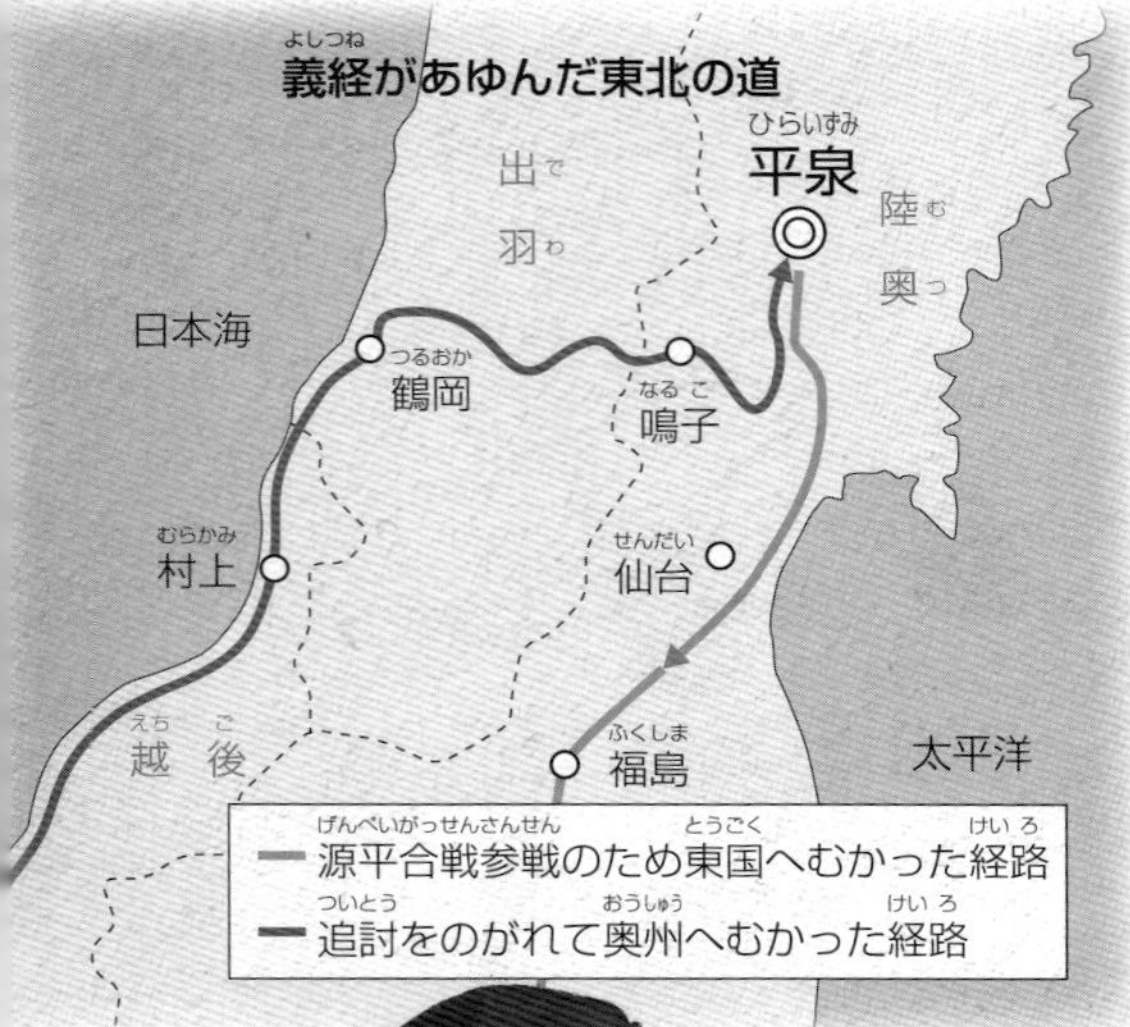

大《おお》江《えの》広《ひろ》元《もと》

(1148 ～ 1225年)

「頼朝《よりとも》の知恵袋《ちえぶくろ》」といわれる鎌《かま》倉幕府《くらばくふ》の重臣《じゅうしん》。もともとは朝廷《ちょうてい》の役人だったが、頼朝《よりとも》の側近《そっきん》として力を発揮《はっき》し、鎌倉幕府《かまくらばくふ》の基《き》礎《そ》をきずく。

源《みなもとの》頼《より》朝《とも》

(1147 ～ 99年)

源氏《げんじ》の棟梁《とうりょう》。平清盛《たいらのきよもり》によって二十年ものあいだ、伊豆《いず》で流《る》人《にん》生活をする。平氏打倒《へいしだとう》の命《めい》令《れい》をうけて挙兵《きょへい》し、やがて東《とう》国《ごく》に鎌倉幕府《かまくらばくふ》をひらいた。

源義経《みなもとのよしつね》

(1159～89年)

源《みなもとの》 頼朝《よりとも》の弟。身をよせていた奥州平泉《おうしゅうひらいずみ》の藤原秀衡《ふじわらひでひら》のもとから、頼朝《よりとも》の挙兵《きょへい》にかけつけ、平《へい》氏《し》をたおす。いちやくヒーローとなるが、兄頼朝《よりとも》とのなかたがいで運命が暗転する。

弁慶《べんけい》 (生年不詳《せいねんふしょう》～1189年)

もと比叡山《ひえいざん》の僧兵《そうへい》。義経《よしつね》に京の五条《ごじょう》の橋で出会い、忠実《ちゅうじつ》な家来《けらい》となる。

藤原秀衡《ふじわらのひでひら》 (1122～87年)

奥州藤原氏《おうしゅうふじわらし》の三代目当主。豊《ゆた》かな富《とみ》と外交手《しゅ》腕《わん》で奥州《おうしゅう》の平和をたもち、義経《よしつね》の力となる。

後白河法皇《ごしらかわほうおう》 (1127～92年)

三十四年間にわたり院政《いんせい》をおこなった、朝廷《ちょうてい》の権力者《けんりょくしゃ》。平氏《へいし》や源氏《げんじ》の武《ぶ》力《りょく》や財力《ざいりょく》を利用《りよう》し、朝廷《ちょうてい》に君臨《くんりん》した。

頼朝《よりとも》の代官《だいかん》、京の義経《よしつね》

元暦《げんりゃく》元（一一八四）年一月。鎌倉《かまくら》の頼朝《よりとも》は、

「京の都で騒動《そうどう》を起こした木曽《きそ》（源《みなもとの》）義仲《よしなか》を、源範頼《みなもとののりより》、義経《よしつね》がせめほろぼしました。」

という知らせをうけた。頼朝《よりとも》は後白河法皇《ごしらかわほうおう》のたのみをうけ、自分のかわりに弟の範頼《のりより》と義経《よしつね》の軍《ぐん》を京へさしむけたのだ。

「これで法皇《ほうおう》さまも、われら東国武士《とうごくぶし》の力をお分かりくださっただろう。いとこの木曽義仲《きそよしなか》は、平家《へいけ》を都から追いだしたまではよいが、山育ちのいなか者で、京の朝廷《ちょうてい》とうまくやれなかったのが命取りだった。わが弟たちは、さすがである。部下の東国武士《とうごくぶし》は強いし、よく命《めい》令《れい》にしたがうからな。」

頼朝《よりとも》は、遠い都でのできごとを冷静《れいせい》に分析《ぶんせき》する。戦《いくさ》で手がらを立てて、恩賞《おんしょう》の土地をもらうことに命がけの、東国武士《とうごくぶし》の強さを、頼朝《よりとも》はよく知っていた。

「東国武士《とうごくぶし》がはたらくのは、恩賞《おんしょう》のためだ。しかし、あの後白河法皇《ごしらかわほうおう》は油断《ゆだん》できないおかた。弟の範頼《のりより》や義経《よしつね》にほうびの官位《かんい》をあたえて、弟たちを手なずけてしまうかもしれない。ここは用心しなければ……。」

何ごとにも慎重《しんちょう》な頼朝《よりとも》は、さっそく法皇《ほうおう》にねがいでた。

「戦《いくさ》での手がらのほうびは、まずわたし、頼朝《よりとも》がきめます。頼朝《よりとも》のゆるしなく、朝廷《ちょうてい》で官位《かんい》をあたえないでください。」

こうして頼朝《よりとも》は、自分と主従関係《しゅじゅうかんけい》をむすぶ御家人《ごけにん》たちが、朝廷《ちょうてい》と直接《ちょくせつ》かかわりを深めることをやめさせようとしたのである。

この頼朝《よりとも》の願《ねが》いに対して、

「何とまた、鎌倉《かまくら》の頼朝《よりとも》はめんどうなことをいうのだ。朝廷《ちょうてい》の命令《めいれい》にしたがって戦《いくさ》をし、勝《しょう》利《り》した者たちに、官位《かんい》というほうびをあたえて何が悪い。」

と後白河法皇《ごしらかわほうおう》はなかなか頼朝《よりとも》のいうことをきこうとしなかった。

それどころか、平氏追討《へいしついとう》の戦《いくさ》でめざましい活躍《かつやく》を見せる頼朝《よりとも》の弟義経《よしつね》を、後白河法皇《ごしらかわほうおう》は、

「義経《よしつね》はつかえるやつだから、ずっとそばにおいておこう。わたしになついているし、いうことをききそうだ。つごうがいい。」
と京都の治安《ちあん》をまもる検非違使《けびいし》、左衛門少尉《さえもんのしょうじょう》に. にんじてしまった。

これをきいた鎌倉《かまくら》の頼朝《よりとも》はおこった。

「義経《よしつね》は、わたしになんの相談《そうだん》もなく、またわたしの命令《めいれい》にそむいて官位《かんい》をもらうなど、けしからぬ。」

そんな頼朝《よりとも》の心をさかなでするように、後白河法皇《ごしらかわほうおう》は義経《よしつね》をかわいがる。

「検非違使《けびいし》、左衛門少尉《さえもんのしょうじょう》は、そなたや頼朝《よりとも》の祖父《そふ》がつとめられた役。平氏《へいし》でなく源氏《げんじ》がつとめるのが伝統《でんとう》というものだ。頼朝《よりとも》には、もっと上の官位《かんい》をおくるから、義経《よしつね》は安心せよ。そなたのはたらきは、まことにみごとであるから、※内裏《だいり》への昇殿《しょうでん》をゆるす。そなたは、何といっても頼朝《よりとも》のかわりだからな。」

「ははっ。法皇《ほうおう》さま、ありがたきしあわせ。源氏《げんじ》をおもんじてくださりありがとうございます。義経《よしつね》、兄頼朝《よりとも》にかわり、命をかけて朝廷《ちょうてい》をお守りいたします。」

※**内裏《だいり》**　天皇《てんのう》がすんでいる場所。

義経《よしつね》は、頼朝《よりとも》の代理である自分が、都で朝廷《ちょうてい》をまもるために武士《ぶし》としてはたらくことを、兄頼朝《よりとも》がよろこんでいるにちがいないと思いこんでいた。

壇《だん》の浦《うら》のあと

文治《ぶんじ》元（一一八五）年三月。義経《よしつね》は、壇《だん》の浦《うら》の戦《たたか》いで、ついに平氏《へいし》をほろぼした。

後白河法皇《ごしらかわほうおう》は、鎌倉《かまくら》の頼朝《よりとも》へ手紙をおくる。

「平氏《へいし》をせめる義経《よしつね》の兵法《へいほう》のたくみさは、まことにすばらしいものであった。」

頼朝《よりとも》は、源氏方《げんじがた》の勝利《しょうり》をよろこびはしたものの、すぐにつぎのような命令《めいれい》を出した。

「わたしの許可《きょか》なく、朝廷《ちょうてい》より官位《かんい》をほうびにもらった者は、墨俣《すのまた》（岐阜《ぎふ》県長良《ながら》川）より東への帰郷《ききょう》を禁《きん》じる。」

というものだ。表むきは、朝廷《ちょうてい》であたえられた仕事にはげむように、という意味で出されたものだ。しかし、じつのところ、朝廷《ちょうてい》との関係《かんけい》をもった者は、鎌倉《かまくら》や東国《とうごく》へ帰ってくるな、という命令《めいれい》であった。

「この命令《めいれい》は、法皇《ほうおう》から頼朝《よりとも》の許可《きょか》なく官位《かんい》をもらった義経《よしつね》にむけたものだ。」

と鎌倉御家人《かまくらごけにん》のだれもが思った。

さらに、義経《よしつね》の監視役《かんしやく》である梶原景時《かじわらかげとき》から、義経《よしつね》をさんざん非難《ひなん》する手紙も鎌倉《かまくら》の頼朝《よりとも》のもとにとどいた。

義経《よしつね》は、ほかの者の意見をきかず、西国武士《さいごくぶし》をしたがえ、少人数で奇襲《きしゅう》して戦《いくさ》に勝ったので、東国武士《とうごくぶし》は活躍《かつやく》の場がなく、手がらも立てられなかったこと。義経《よしつね》ばかりが手がらをひとりじめしたと、東国武士《とうごくぶし》の不満《ふまん》が高まっていること。義経《よしつね》は、とくいになっていばっていること。などがかかれている。

「少々、戦《いくさ》に勝ったからといって、義経《よしつね》はこまったやつだな。さて、どうしたものか。」

後白河法皇《ごしらかわほうおう》に検非違使《けびいし》・左衛門少尉《さえもんのしょうじょう》の官位《かんい》をもらったことといい、平氏追討《へいしついとう》の戦《いくさ》でのふるまいといい、東国御家人《とうごくごけにん》たちの義経《よしつね》への不満《ふまん》が頼朝《よりとも》には手に取るように分かった。

「しかし……。東国武士《とうごくぶし》の義経《よしつね》への信望《しんぼう》が高まったら、もっとやっかい。わたしの身があやうくなる。ここは、とくいになっている義経《よしつね》にきつく反省《はんせい》をうながさなければなるまい。」

鎌倉《かまくら》の頼朝《よりとも》が、このように内心思っていたことを、義経《よしつね》は想像《そうぞう》さえしていなかった。

四月二十六日。壇《だん》の浦《うら》の合戦《かっせん》でとらえた人質《ひとじち》をつれて、義経《よしつね》が都へ帰ってきた。朝廷《ちょうてい》も京の人々も、大よろこびで義経《よしつね》の軍勢《ぐんぜい》をむかえ、口々にほめた。

何年にもわたる長い戦乱《せんらん》ときさんで、くるしんできた京の人々だった。義経《よしつね》の大活躍《だいかつやく》で平《へい》家《け》がほろぼされ、京の都に平和がもどったのだ。

義経《よしつね》が京にもどった数日後、後白河法皇《ごしらかわほうおう》は戦《いくさ》で活躍《かつやく》した者にほうびをあたえた。

「鎌倉《かまくら》の源頼朝《みなもとのよりとも》を従二位《じゅにい》ににんず。」

後白河法皇《ごしらかわほうおう》は、鎌倉《かまくら》の頼朝《よりとも》に破格《はかく》の出世である貴族《きぞく》の高い位《くらい》をさずけた。義経《よしつね》に、官位《かんい》の昇進《しょうしん》はなかった。そのかわりに、

「義経《よしつね》を御厩司《みまやのつかさ》ににんず。」

ということであった。御厩司《みまやのつかさ》というのは、軍馬《ぐんば》を管理《かんり》する後白河法皇《ごしらかわほうおう》の親衛隊長《しんえいたいちょう》の役である。

「義経《よしつね》よ。そなただけがたのみじゃ。京の町と御所《ごしょ》をまもってくれよ。」

という、義経《よしつね》の手を取り、すがるような後白河法皇《ごしらかわほうおう》の頼《たの》みに、義経《よしつね》がいよいよはりきったのはいうまでもない。また義経《よしつね》は、この時、敵方《てきがた》であった平時忠《たいらのときただ》の娘《むすめ》を妻《つま》にしている。これも後白河法皇《ごしらかわほうおう》や生きのこった平家《へいけ》のおもわくが見えすいており、頼朝《よりとも》のきげんをそこねる。

義経《よしつね》の悲《かな》しみ

後白河法皇《ごしらかわほうおう》によりあたえられたほうびの官位《かんい》は、すぐに鎌倉《かまくら》の頼朝《よりとも》につたえられた。

「頼朝殿《よりともどの》、このたびは従二位《じゅにい》の高い位《くらい》、朝廷《ちょうてい》よりたまわられましたこと、まことにおめでとうございます。」

妻《つま》の政子《まさこ》の父、北条時政《ほうじょうときまさ》が頼朝《よりとも》に祝《いわ》いのことばをのべた。

「それで、弟の義経《よしつね》さまは、どのような？」

時政《ときまさ》は、義経《よしつね》が昇進《しょうしん》したかどうかが気になる。

「御厩司《みまやのつかさ》ににんじられた。」

それをきいた、頼朝《よりとも》の知恵袋《ちえぶくろ》といわれる大江広元《おおえのひろもと》が顔をくもらせた。

「御厩司《みまやのつかさ》とは、ききずてなりませんな。」

朝廷《ちょうてい》で役人をつとめていた大江広元《おおえのひろもと》は、鎌倉《かまくら》においてだれよりも、朝廷《ちょうてい》のことや政治《せいじ》のことをよく知っている。

「広元殿《ひろもとどの》、御厩司《みまやのつかさ》とは、馬の世話をする役目であろう？」

時政《ときまさ》が馬の世話がかりなど大したことない、という顔でたずねる。

「御厩司《みまやのつかさ》は、軍馬《ぐんば》を管理《かんり》する役です。しかし、ただそれだけではありません。後白河法皇《ごしらかわほうおう》の親衛隊長《しんえいたいちょう》であり、ずっと平氏《へいし》が独占《どくせん》してきたきわめて重要《じゅうよう》な役職《やくしょく》。時政殿《ときまさどの》、朝廷《ちょうてい》の軍馬《ぐんば》はどこからおくられてくるかごぞんじでしょうか？」

「広元殿《ひろもとどの》、それは、もちろん奥州《※おうしゅう》だ。名馬はつまり陸奥《※むつ》からおくられてくる。」

時政《ときまさ》がこたえると、頼朝《よりとも》があっと声にならない声を上げた。

「奥州《おうしゅう》には、義経《よしつね》が世話になった平泉《ひらいずみ》の藤原氏《ふじわらし》がいる。そうか、後白河法皇《ごしらかわほうおう》は奥州藤原氏《おうしゅうふじわらし》の勢力《せいりょく》を取りこもうとしているのだな。」

※奥州《おうしゅう》　陸奥《むつ》の国の別名《べつめい》。現在《げんざい》の東北地方。
※陸奥《むつ》　現在《げんざい》の東北地方。

頼朝《よりとも》のことばに、大江広元《おおえのひろもと》はうなずきながらいった。

「さすが殿《との》、お気づきになられましたか。そういうことなのです。われらがもっともおそれている、ばく大な富《とみ》と力をもちながら、けっしてわれらに味方しない陸奥《むつ》。その陸奥《むつ》をおさめる奥州平泉《おうしゅうひらいずみ》の藤原氏《ふじわらし》が、義経《よしつね》をとおして朝廷《ちょうてい》がわにつく可能性《かのうせい》があるのです。」

「いかん。これはゆるすわけにはいかん。そうであろう、時政《ときまさ》。」

「まことにそうです。」

その数日後、鎌倉《かまくら》の頼朝《よりとも》らの考えなど知らない義経《よしつね》は、早々に京をたち、壇《だん》の浦《うら》でとらえた人質《ひとじち》を鎌倉《かまくら》へ護送《ごそう》していく。義経《よしつね》は、一日も早く兄頼朝《よりとも》に報告《ほうこく》したかったのだ。義経《よしつね》一行は、鎌倉《かまくら》の近くの腰越《こしごえ》に到着《とうちゃく》した。ところが、そこには鎌倉《かまくら》からのつかいがまっていて、義《よし》経《つね》一行の行く手をさえぎった。

「これより先、鎌倉《かまくら》へ近づいてはならない、と頼朝殿《よりともどの》のご命令《めいれい》です。」

義経《よしつね》らは、おどろきとまどいながら腰越《こしごえ》の満福寺《まんぷくじ》にとどまる。頼朝《よりとも》の代官《だいかん》である身が、どうしてこのようなあつかいをうけなければならないのか、さっぱりわからない。

「さては、平氏《へいし》との戦《いくさ》の時に、あれこれ梶原景時《かじわらかげとき》と口論《こうろん》になったことがわざわいしたか？」

義経《よしつね》は、戦《いくさ》でいっしょだった梶原景時《かじわらかげとき》のつげ口が頼朝《よりとも》の怒《いか》りを買って、自分がこのようなしうちをうけることになったのだと考えた。そこで、手紙をかいて、頼朝《よりとも》の側近大江広元《そっきんおおえのひろもと》にとどけた。これが有名な「腰越状《こしごえじょう》」である。

「わたし、義経《よしつね》はただ、兄頼朝《よりとも》の命令《めいれい》にしたがい朝敵《ちょうてき》をせめほろぼしました。何も罪《つみ》はおかしておりません。父義朝《よしとも》のかたきを討《う》ち、源氏再興《げんじさいこう》のみをねがってはたらいてきたのです。ひと目会って申しひらきをすれば、兄上の誤解《ごかい》がとけるのではないかと思います。どうか兄上におとりなしをおねがいします。」

とせつせつとうったえる手紙であった。五月末《すえ》のことである。

しかし、頼朝《よりとも》は義経《よしつね》の鎌倉《かまくら》入りをみとめず、人質《ひとじち》だけが鎌倉《かまくら》へいれられた。義経《よしつね》は、兄頼《より》朝《とも》につめたく追いはらわれたのである。

「いったい、わたしの何がいけなかったというのか。なぜ、お会いできないのか。兄と弟、お会いして話せば、すぐにすべてが誤解《ごかい》だと分かっていただけるはず。」

義経《よしつね》は悲《かな》しんだが、京へもどるしかなかった。

この時の義経《よしつね》に対する頼朝《よりとも》の姿勢《しせい》は、御家人《ごけにん》すべてに対しての、

「頼朝《よりとも》のゆるしをえずに朝廷《ちょうてい》から任官《にんかん》をうけたものは、墨俣《すのまた》より東へ帰郷《ききょう》してはならない。」

という命令《めいれい》の、きびしい見せしめでもあった。御家人《ごけにん》たちはおそれをなして、義経《よしつね》からはなれていった。

それからの頼朝《よりとも》は、つめたくつきはなした義経《よしつね》が、後白河法皇《ごしらかわほうおう》からはなれるかいなかに、じっと目を光らせる。

頼朝《よりとも》対義経《よしつね》、深まりゆくみぞ

京へ帰った義経《よしつね》は、検非違使《けびいし》、また御厩司《みまやのつかさ》として、変《か》わりなく後白河法皇《ごしらかわほうおう》につかえた。

「義経《よしつね》。鎌倉《かまくら》の頼朝《よりとも》がきげんを悪くしている理由は分からぬが、わしもできるだけ、頼朝《よりとも》のきげんをそこなわぬように気をつけよう。あまり気にするな。わしがついておる。そばにそ

なたがいてくれると、安心していられるのだ。」

後白河法皇《ごしらかわほうおう》は、義経《よしつね》を手ばなそうという気配《けはい》もなかった。

義経《よしつね》が法皇《ほうおう》からはなれないので、頼朝《よりとも》はつぎの手をうった。

「法皇《ほうおう》に、源義経《みなもとのよしつね》を伊予守《※いよのかみ》に任命《にんめい》するよう命令《めいれい》を出してもらいたい。」

という願《ねが》いが、頼朝《よりとも》から後白河法皇《ごしらかわほうおう》へ出され、法皇《ほうおう》から義経《よしつね》を「伊予守《いよのかみ》」ににんじる通知がなされた。八月十六日のことである。

頼朝《よりとも》としては、義経《よしつね》がのぞんでいた一国をあたえることで、検非違使《けびいし》の役をやめさせ、京都からはなれさせようとしていた。検非違使《けびいし》など後白河法皇《ごしらかわほうおう》にかかわる役目をやめれば、義《よし》経《つね》を鎌倉《かまくら》へよびもどす。そうすれば、頼朝《よりとも》の配下に義経《よしつね》をおくことができる。

「義経《よしつね》さま。伊予守《いよのかみ》ににんじられたからといって、鎌倉《かまくら》へもどれば、かならずやお命をねらわれるでしょう。」

義経《よしつね》にずっとつきしたがい、頼朝《よりとも》への不信感《ふしんかん》を強めていた家来《けらい》の弁慶《べんけい》は、義経《よしつね》に鎌倉《かまくら》へ行ってはいけないととめる。

※伊予守《いよのかみ》 伊予《いよ》の国（現在《げんざい》の愛媛《えひめ》県）をおさめる地方官。

「しかし、兄上が朝廷《ちょうてい》にはたらきかけて伊予守《いよのかみ》ににんじられたのだ。兄上にお礼《れい》を申しあげに、鎌倉《かまくら》へ行かなければならない。」

「それこそが、鎌倉方《かまくらがた》の作戦《さくせん》かもしれません。義経《よしつね》さまを鎌倉《かまくら》へおびきよせて、なき者にしようとしている。」

弁慶《べんけい》はゆずらなかった。また、後白河法皇《ごしらかわほうおう》も、

「義経《よしつね》、そなたが鎌倉《かまくら》へ行きたくないならば、伊予守《いよのかみ》になっても検非違使《けびいし》をつとめてよいぞ。そなたがのぞむならば。」

と、義経《よしつね》を京にひきとめようと、かってに義経《よしつね》が京での役職《やくしょく》をつづけることをみとめた。

いっぽう、鎌倉《かまくら》の頼朝《よりとも》は、義経《よしつね》がいっこうにうごかないので、さらにあらたな手をうった。

「なき父、義朝《よしとも》の供養《くよう》の法事《ほうじ》をおこなうので、鎌倉《かまくら》に帰るように。」

と、義経《よしつね》にもちかけた。頼朝《よりとも》や義経《よしつね》の父、義朝《よしとも》の供養《くよう》の法事《ほうじ》は、全国の源氏《げんじ》によびかけた大イベントで、源氏《げんじ》の棟梁《とうりょう》として頂点《ちょうてん》にある頼朝《よりとも》のまねきにおうじないことは、反逆《はんぎゃく》の心があると宣言《せんげん》することであった。

頼朝《よりとも》の、義経《よしつね》を後白河法皇《ごしらかわほうおう》からひきはなす最後《さいご》の賭《かけ》であったが、義経《よしつね》は、鎌倉《かまくら》からのまねきをことわった。

義経《よしつね》を討《う》て！

「何？ 義経《よしつね》が父上の法要《ほうよう》にまいらぬと申したか。ばかめ。親の法要《ほうよう》だぞ。」

頼朝《よりとも》は、怒《いか》りをかくせなかった。

頼朝《よりとも》は義経《よしつね》を、後白河法皇《ごしらかわほうおう》のもとから鎌倉《かまくら》へ取りもどそうと、あれこれ努力《どりょく》してきたのだ。

しかし、最後《さいご》の機会《きかい》と頼朝《よりとも》があたえたなき父の法要《ほうよう》さえ拒絶《きょぜつ》した義経《よしつね》。後白河法皇《ごしらかわほうおう》にたよりにされ、まつりあげられている義経《よしつね》。そして平氏打倒《へいしだとう》をなしとげた、すぐれた武将《ぶしょう》である義経《よしつね》。頼朝《よりとも》のなかにある弟、義経《よしつね》へのさまざまな思いが、ついに怒《いか》りと嫉妬《しっと》のほのおとなってもえあがった。

「後白河法皇《ごしらかわほうおう》にすっかり取りいってしまった義経《よしつね》を、このままにしてはおけぬ。」

「さよう。ほうっておけば、鎌倉《かまくら》に不満《ふまん》をもつ者たちが京にあつまり、後白河法皇《ごしらかわほうおう》が義経《よしつね》さまを中心として軍事勢力《ぐんじせいりょく》をきずくことになるでしょう。つまり、義経《よしつね》さまが平氏《へいし》に取ってかわり、朝廷《ちょうてい》をまもる軍《ぐん》の大将《たいしょう》となり、鎌倉《かまくら》と敵対《てきたい》することになるとしたら……。」

大江広元《おおえのひろもと》は、先を見とおしていた。

頼朝《よりとも》は、一瞬沈黙《いっしゅんちんもく》し、決断《けつだん》をくだした。そして不気味《ぶきみ》なほどしずかにいいはなった。

「義経《よしつね》を討《う》て！」

まっていましたとばかりに、北条時政《ほうじょうときまさ》がいった。

「頼朝殿《よりともどの》、ちょうどいい男がいます。恩賞《おんしょう》しだいで、義経《よしつね》をなき者にするでしょう。このまま義経《よしつね》を生かしておいては、あとつぎの頼家《よりいえ》さまにもわざわいとなるかもしれません。」

頼朝《よりとも》の幼《おさな》い息子頼家《よりいえ》は、北条時政《ほうじょうときまさ》の大事な孫《まご》である。義経《よしつね》は孫《まご》にとってはじゃま者だ。時《とき》政《まさ》は、すぐに土佐坊《とさのぼう》という御家人《ごけにん》を頼朝《よりとも》に紹介《しょうかい》した。

「義経《よしつね》を討《う》て！」

と、頼朝《よりとも》に命じられた土佐坊《とさのぼう》は、たっぷり報酬《ほうしゅう》をもらい、数十人の兵《へい》とともに京へむかった。

文治元《ぶんじ》（一一八五）年十月十七日、六条室町《ろくじょうむろまち》の義経《よしつね》の館《やかた》を、土佐坊《とさのぼう》ら八十名あまりが襲撃《しゅうげき》した。ただならぬその気配に気づいた義経《よしつね》と家来《けらい》たちは、とびおきて応戦《おうせん》する。

「何者だ、名のれ。※鎌倉殿《かまくらどの》の命令《めいれい》か？」

義経《よしつね》が問うと、土佐坊《とさのぼう》は返事をするかわりに刀をふりおろした。

義経《よしつね》はひらりと身をかわし、外へ出る。そこへ、さわぎに気づいた味方の軍勢《ぐんぜい》がかけつけてきた。土佐坊《とさのぼう》たちは、勝ち目がないと見るとにげだした。

頼朝《よりとも》の義経暗殺計画《よしつねあんさつけいかく》は、失敗《しっぱい》してしまった。

「いかに兄上とはいえ、このような目にあわされて、この義経《よしつね》もだまってはおれぬ。」

義経《よしつね》は、命をねらわれたよく日、後白河法皇《ごしらかわほうおう》に頼朝追討《よりともついとう》の宣旨《せんじ》（命令《めいれい》）を求《もと》めた。

「法皇《ほうおう》さま。わたしは、兄頼朝《よりとも》のいいつけどおり、兄の代官《だいかん》として、懸命《けんめい》にはたらいてまいりました。しかし、数々のしうちをうけ、命までねらわれてはたまりません。どうか、兄をせめるおゆるしをいただきたい。」

「義経《よしつね》を害《がい》しようとする者は、朝敵《ちょうてき》である。頼朝追討《よりともついとう》の命令《めいれい》を出そう。」

※鎌倉殿《かまくらどの》　源頼朝《みなもとのよりとも》のこと。

後白河法皇《ごしらかわほうおう》は、義経《よしつね》の求《もと》めにおうじた。法皇《ほうおう》は自分の意のままになり、しかも戦《いくさ》じょうずの義経《よしつね》さえそばにいれば、東国《とうごく》の頼朝《よりとも》などこわくない気がした。大事な義経《よしつね》を頼朝《よりとも》にうばわれてはならない、とだけこの時は考えた。

頼朝《よりとも》、後白河法皇《ごしらかわほうおう》への抗議《こうぎ》

土佐坊《とさのぼう》が義経暗殺《よしつねあんさつ》に失敗《しっぱい》したことと、後白河法皇《ごしらかわほうおう》が義経《よしつね》に、頼朝追討《よりともついとう》の命令《めいれい》を出したことは、すぐに鎌倉《かまくら》の頼朝《よりとも》の耳に入った。

「何、法皇《ほうおう》がわたしを追討《ついとう》せよと義経《よしつね》に命令《めいれい》しただと？」

頼朝《よりとも》は、耳をうたがった。義経《よしつね》を取りにがしたうえ、自分の追討命令《ついとうめいれい》まで出たとは、予想外のことだ。

「まことか。法皇《ほうおう》はご乱心《らんしん》か？」

頼朝《よりとも》は、怒《いか》りにふるえた。

「おのれ義経《よしつね》。法皇《ほうおう》もゆるしはせぬ。」

頼朝《よりとも》の激怒《げきど》は、すぐに京につたわった。

「何？　頼朝《よりとも》が怒《いか》りくるって、大軍《たいぐん》で鎌倉《かまくら》をたち、京へせめのぼるというのか？」

後白河法皇《ごしらかわほうおう》は、恐怖《きょうふ》でふるえあがる。

「これ、すぐに鎌倉《かまくら》へたつのだ。頼朝《よりとも》に、義経《よしつね》に出した命令《めいれい》は、わたしの本心ではなく、天《てん》魔《ま》にたぶらかされたせいだとわびをいれるのだ。頼朝《よりとも》がせめてこないうちに、早く行け。」

法皇《ほうおう》は大あわてで使者を鎌倉《かまくら》へおくりだす。

法皇《ほうおう》のいいわけを使者からきいた頼朝《よりとも》は、

「天魔《てんま》のせいにするなどゆるせない。いったいどういう考えで、このわたしにこんなしうちをされるのか。あなたさまのために忠《ちゅう》をつくしてきたこの頼朝《よりとも》を、朝敵《ちょうてき》として追討《ついとう》するとはいったいどういうことか。日本一の大てんぐとは、あなたさまのことでしょう。」

と、怒《いか》りをこめて法皇《ほうおう》に返書した。

頼朝《よりとも》の強烈《きょうれつ》な怒《いか》りに、すっかり恐《おそ》れをなした後白河法皇《ごしらかわほうおう》は、態度《たいど》をころりと変《か》えて、

「朝廷《ちょうてい》に害《がい》をなす義経《よしつね》を追討《ついとう》せよ。」

という命令《めいれい》を頼朝《よりとも》にくだした。

後白河法皇《ごしらかわほうおう》に見はなされた義経《よしつね》の、くるしい逃避行《とうひこう》がはじまった。

義経《よしつね》は、船で西国《さいごく》へ行き、なかまをあつめて再起《さいき》をはかろうと考えた。しかし、船が嵐《あらし》で転覆《てんぷく》して、たすかったのは義経《よしつね》と家来《けらい》たち数人であった。

「各地《かくち》で修行《しゅぎょう》する山伏《やまぶし》すがたならば、あまりめだちません。」

という弁慶《べんけい》のすすめで、一行は山伏《やまぶし》すがたとなった。雪の吉野《よしの》から、北陸《ほくりく》、日本海をへて、頼朝《よりとも》の命令《めいれい》によるきびしい探索《たんさく》の目をのがれながら、一行は奥州《おうしゅう》をめざした。もう奥州《おうしゅう》いがい日本のどこにも、義経《よしつね》らが安住できる場所はなかったのである。

そのころ鎌倉《かまくら》では、大江広元《おおえのひろもと》が頼朝《よりとも》と策《さく》をねっていた。

「殿《との》、後白河法皇《ごしらかわほうおう》や朝廷《ちょうてい》が、このたびの一件《いっけん》でおびえているいまが、よい機会《きかい》です。こちらの要求《ようきゅう》をみとめさせてはいかがでしょう。」

「広元《ひろもと》、どのような要求《ようきゅう》をするのだ。」

「義経《よしつね》さまをさがしだすために、東国《とうごく》だけでなく西国《さいごく》にも武士《ぶし》の守護《しゅご》、地頭《じとう》をおくことにする。また、兵糧米《ひょうろうまい》を一反《たん》あたり五升《しょう》あつめる、という要求《ようきゅう》です。」

「なるほど、義経《よしつね》をさがしだすために、全国津々浦々《つつうらうら》の荘園《しょうえん》まで御家人《ごけにん》を配置《はいち》すれば、見はりも万全だ。財政《ざいせい》を安定させる兵糧米《ひょうろうまい》も、しっかりあつめることができる。なかなかの策《さく》である。さすが広元《ひろもと》。よし、さっそく、北条時政《ほうじょうときまさ》を京へ行かせて、交渉《こうしょう》させよう。」

大江広元《おおえのひろもと》の見こみどおり、弱腰《よわごし》になっていた後白河法皇《ごしらかわほうおう》は、頼朝《よりとも》の要求《ようきゅう》をしかたなくうけいれた。

こうして頼朝《よりとも》は、義経《よしつね》を探索《たんさく》するかたわら、全国に守護《しゅご》、地頭《じとう》を配置《はいち》して監視《かんし》と年貢《ねんぐ》の確《かく》保《ほ》をおこない、武士《ぶし》による支配体制《しはいたいせい》を強めていった。

秀衡《ひでひら》の遺言《ゆいごん》

「義経《よしつね》を討《う》て。」という頼朝《よりとも》の命令《めいれい》による探索《たんさく》の目からかくれながら、山伏《やまぶし》すがたの義経《よしつね》と

家来《けらい》たち一行は、くるしい旅のすえに、ようやく奥州平泉《おうしゅうひらいずみ》にたどりついた。

奥州《おうしゅう》を支配《しはい》する藤原秀衡《ふじわらのひでひら》は、義経《よしつね》と家来《けらい》たちをあたたかくむかえた。奥州《おうしゅう》の都、平泉《ひらいずみ》は、義経《よしつね》が秀衡《ひでひら》のもとで、少年時代をすごしたなつかしい土地である。

「義経殿《よしつねどの》。よく帰ってこられた。ごぶじで何より。道中、ご苦労《くろう》なさったことであろう。この平泉《ひらいずみ》までこられれば安心。ゆっくり休んでください。」

「秀衡殿《ひでひらどの》、申しわけありません。」

義経《よしつね》はしばらく下げた頭を上げられなかった。

七年前のことだ。伊豆《いず》で頼朝《よりとも》が平氏打倒《へいしだとう》の旗《はた》あげをした時、源氏《げんじ》の子として頼朝《よりとも》をたすけたいと義経《よしつね》は秀衡《ひでひら》に申しでた。秀衡《ひでひら》は義経《よしつね》をひきとめた。しかし、秀衡《ひでひら》にだまって義経《よしつね》は平泉《ひらいずみ》を出ていったのだ。秀衡《ひでひら》は義経《よしつね》が出ていったことに気がつくと、すぐに家来《けらい》に義経《よしつね》を追わせた。義経《よしつね》がぶじに頼朝《よりとも》のもとにつくまで、道中の警護《けいご》をさせるためであった。

秀衡《ひでひら》は、京の都での政治《せいじ》のあらそいや、平氏《へいし》とのあらそいのなかに義経《よしつね》を行かせたくなかった。秀衡《ひでひら》が義経《よしつね》を手あつくやしなってきたのは、源義家《みなもとのよしいえ》いらい、陸奥《むつ》の国と源氏《げんじ》の縁《えん》が深かったからであった。しかしそれよりも、秀衡《ひでひら》の妻《つま》が、義経《よしつね》の母の常盤《ときわ》のとつぎ先、一条家《いちじょうけ》と親《しん》類《るい》であったことが大きかった。秀衡《ひでひら》は、義経《よしつね》の武将《ぶしょう》としての器《うつわ》を見ぬき、

「さすが源氏《げんじ》の正統《せいとう》なお血筋《ちすじ》。」

とうやまい、義経《よしつね》を息子のように大切に思っていた。

「秀衡殿《ひでひらどの》にしたがわず、平泉《ひらいずみ》を出ていったわたしが、兄頼朝《よりとも》に追われて、この平泉《ひらいずみ》にもどることになるとは、思いもよらぬことでした。」

義経《よしつね》は、心から秀衡《ひでひら》にわびた。

義経《よしつね》と家来《けらい》たちをうけいれた時から、秀衡《ひでひら》は、鎌倉《かまくら》とやがて戦《いくさ》になることを覚悟《かくご》していた。

「義経殿《よしつねどの》、武士《ぶし》の世はむごいものです。身内であらそうことほど悲《かな》しいことはありません。そのくるしみをあじわいつくした奥州《おうしゅう》の藤原氏《ふじわらし》は、この百年、平泉《ひらいずみ》の地に、戦《いくさ》のない平和な仏《ほとけ》の浄土《じょうど》のような国をきずいてまいりました。」

藤原氏《ふじわらし》のおさめる陸奥《むつ》の国は豊《ゆた》かで、名馬や砂金《さきん》を産《さん》し、朝廷《ちょうてい》に毎年ばく大なみつぎ物をとどけていることを、だれもが知っていた。後白河法皇《ごしらかわほうおう》も、藤原秀衡《ふじわらのひでひら》には鎮守府将軍《ちんじゅふしょうぐん》の官位《かんい》

をおくるなどして、朝廷《ちょうてい》のための出陣《しゅつじん》をうながした。しかし秀衡《ひでひら》はすぐれた外交手腕《しゅわん》で、一度も軍《ぐん》を出すことなく奥州《おうしゅう》の平和をまもってきた。また前年に、平氏《へいし》に焼《や》きはらわれた東大寺再建《じさいけん》の資金《しきん》を出すよう、頼朝《よりとも》が秀衡《ひでひら》にたのんできた時、頼朝《よりとも》が千両を出したのに対して、秀衡《ひでひら》は五千両を出したといわれる。このことからしても、頼朝《よりとも》が秀衡《ひでひら》を脅威《きょうい》と見ておそれていたことはうなずけるのである。

秀衡《ひでひら》は、息子たちが焼《や》きもちを焼《や》くほど義経《よしつね》を大切にし、衣《ころも》川の近くの高館《たかだち》に館《やかた》をつくってすまわせた。

義経《よしつね》が奥州平泉《おうしゅうひらいずみ》の藤原秀衡《ふじわらのひでひら》のもとに身をよせたことは、じきに鎌倉《かまくら》の頼朝《よりとも》の耳にもとどいた。

「秀衡《ひでひら》め。義経《よしつね》をかくまうとは……。この頼朝《よりとも》にたてをつくということだな。いい度胸《どきょう》だ。かならず後悔《こうかい》させてやる。」

頼朝《よりとも》はさっそく、秀衡《ひでひら》につらくあたった。しかし秀衡《ひでひら》はそれをたえしのび、したがった。

しかし、義経《よしつね》が平泉《ひらいずみ》に入った数か月後。たのみにしていた秀衡《ひでひら》が病《やまい》にたおれた。

秀衡《ひでひら》は病《やまい》の床《とこ》の枕《まくら》もとに、子の泰衡《やすひら》、国衡《くにひら》と義経《よしつね》をよび、

「秀衡《ひでひら》が亡《な》くなったあと、義経《よしつね》に泰衡《やすひら》と国衡《くにひら》はつかえること。頼朝《よりとも》がせめてきたら、義経《よしつね》を総大将《そうだいしょう》にし、三人協力《きょうりょく》して戦《たたか》い、国をまもること。」

という約束文《やくそくぶん》に署名《しょめい》させた。秀衡《ひでひら》は息子たちのなかの悪さと、戦《いくさ》を知らないまま成長《せいちょう》したことを心配し、陸奥《むつ》の運命を義経《よしつね》にたくしたのである。

義経《よしつね》の死

「十月二十九日、秀衡《ひでひら》死す。」

の知らせは、すぐに鎌倉《かまくら》にとどいた。

「秀衡《ひでひら》がいなくなれば、奥州《おうしゅう》の藤原氏《ふじわらし》などおそれることはない。さっそくゆさぶりをかけよ。」

頼朝《よりとも》は、秀衡《ひでひら》の予想していたとおり、あとつぎの泰衡《やすひら》の心をぐらつかせる書状《しょじょう》をおくる。

「義経《よしつね》を鎌倉《かまくら》にひきわたせば、陸奥《むつ》の国はそのまま泰衡《やすひら》のものとみとめる。」

というものだ。

「頼朝《よりとも》と戦《いくさ》になれば、陸奥《むつ》はどうなるのだろう。」

と考えると、気の弱い泰衡《やすひら》はいつも不安《ふあん》になった。国衡《くにひら》は、泰衡《やすひら》の不安《ふあん》を見て見ぬふりをしているだけだった。ところが、弟の忠衡《ただひら》と頼衡《よりひら》は、

「頼朝《よりとも》のことばなど信《しん》じてはいけない。義経《よしつね》さまを、鎌倉《かまくら》へひきわたしても、かならず頼朝《よりとも》は奥州《おうしゅう》へせめいるにちがいない。父上さまのおっしゃったとおり、義経《よしつね》さまを総大将《そうだいしょう》にして戦《たたか》わねば、戦《いくさ》を知らぬ陸奥《むつ》の生きのこる道はないのです。」

といって、泰衡《やすひら》を何度もせっとくした。しかし、小心者の泰衡《やすひら》の心は、ぐらつくばかりだった。

秀衡《ひでひら》の死から一年半がたった文治《ぶんじ》五（一一八九）年の閏《※うるう》四月三十日。ついに泰衡《やすひら》は、義経《よしつね》に味方する末弟《まってい》の頼衡《よりひら》をころし、数百騎《き》の兵《へい》をひきいて義経《よしつね》の衣《ころも》川の館《やかた》をおそった。義経《よしつね》の家来《けらい》二十人ほどが、義経《よしつね》をまもるために必死《ひっし》の戦《たたか》いをくりひろげる。しかし、義経《よしつね》はすぐに覚悟《かくご》をきめた。

「わたしは父の顔を知らず、幼《おさな》くして母とわかれた。源氏《げんじ》のため兄のために、朝廷《ちょうてい》の命令《めいれい》にしたがって戦《たたか》ってきたのに、朝廷《ちょうてい》の敵《てき》として兄にせめられこのようなことになろうとは

※閏《うるう》　昔の、暦《こよみ》上の季節《きせつ》とじっさいの季節《きせつ》とのずれを調節《ちょうせつ》するために加《くわ》えた月や日。

……。だが、女子《おんなこ》どもに罪《つみ》はない。おまえたちだけでも生きのびなさい。」

義経《よしつね》はそういって、妻《つま》と四才の娘《むすめ》をにがそうとした。

「何をおっしゃいます。わたしの一族もみな、頼朝《よりとも》さまにほろぼされました。生きのびてもつらいだけ。どうか義経《よしつね》さまのお供《とも》をさせてください。」

こうして義経《よしつね》は、その妻子《さいし》とともに自害《じがい》してはてた。

義経《よしつね》の首は、すぐに鎌倉《かまくら》の頼朝《よりとも》にとどけられた。泰衡《やすひら》は、

「これで陸奥《むつ》の国は安泰《あんたい》だ。頼朝《よりとも》もわたしが鎌倉《かまくら》にしたがうことを、みとめてくれるだろう。」

と思っていた。

しかし、頼朝《よりとも》は泰衡《やすひら》の思うようにあまくはなかった。

「泰衡《やすひら》は、わたしの許可《きょか》なく義経《よしつね》を討《う》った。」

と非難《ひなん》した。

七月に入ると、奥州《おうしゅう》にとって最悪《さいあく》の事態《じたい》がおとずれた。頼朝《よりとも》は、奥州藤原氏追討《おうしゅうふじわらしついとう》の命令《めいれい》を後白河法皇《ごしらかわほうおう》からうけ、

「義経《よしつね》をかくまった罪《つみ》、重大である。奥州藤原氏《おうしゅうふじわらし》をせめほろぼせ。」

と、総勢《そうぜい》二十九万人の大軍《たいぐん》をひきい、自ら総大将《そうだいしょう》となって、奥州《おうしゅう》をせめた。

九月。藤原泰衡《ふじわらのやすひら》は、自分の家来《けらい》にうらぎられて命を落とした。泰衡《やすひら》の首を頼朝《よりとも》にさしだした家来《けらい》は、

「おまえは、あるじをころした不忠者《ふちゅうもの》だ！」

と即座《そくざ》に頼朝《よりとも》に処罰《しょばつ》された。

藤原清衡《ふじわらのきよひら》いらい百年、奥州《おうしゅう》にさかえた豊《ゆた》かで平和な仏《ほとけ》の浄土《じょうど》のような国は、頼朝《よりとも》によってあっさりほろびた。そして、奥州藤原氏《おうしゅうふじわらし》の領土《りょうど》は、そっくり頼朝《よりとも》にうばわれたのである。

「終わったな。」

ふんだんに金で色どられ、けんらん豪華《ごうか》であった平泉《ひらいずみ》の地を前に、頼朝《よりとも》はそうつぶやいた。

武勇《ぶゆう》にすぐれた弟義経《よしつね》が味方であったならば、どんなに心強かったことか……、という思いが頼朝《よりとも》の頭を一瞬《いっしゅん》かすめる。しかし、うたがい深く慎重《しんちょう》な頼朝《よりとも》は、弟であっても、いや弟であればこそ、

「弟はいつかかならず、自分をおびやかす敵《てき》となる。」

としか思えず、信《しん》じることができなかった。だが弟義経《よしつね》はもういない。義経《よしつね》をまもっていた奥州《おうしゅう》の強国もほろぼした。

「これでうれいはなくなった。われら、いよいよ京へ上るぞ。武士《ぶし》の頂点《ちょうてん》に立つ者としての上洛《じょうらく》じゃ。」

頼朝《よりとも》は、宣言《せんげん》した。

建久元《けんきゅう》（一一九〇）年十一月、頼朝《よりとも》は上洛《じょうらく》した。後白河法皇《ごしらかわほうおう》と対面し、武家《ぶけ》の政権《せいけん》をたしかなものとするためだ。その二年後、建久《けんきゅう》三年に後白河法皇《ごしらかわほうおう》が没《ぼっ》すると、頼朝《よりとも》は征夷大将軍《せいいたいしょうぐん》ににんぜられた。

頼朝《よりとも》はついに朝廷《ちょうてい》をもうごかし、全国の武士《ぶし》をしたがえる権利《けんり》を手中におさめたのである。

もっと知りたい！

頼朝《よりとも》と義経《よしつね》

源頼朝《みなもとのよりとも》と源義経《みなもとのよしつね》にかかわる資料館《しりょうかん》やゆかりの場所などを紹介《しょうかい》します。歴史《れきし》の知識《ちしき》も深まるよ！

頼朝《よりとも》・義経対面石《よしつねたいめんせき》

源頼朝《みなもとのよりとも》は富士川《ふじがわ》の戦《たたか》いに勝利《しょうり》し、鎌倉《かまくら》へ帰るとちゅう、黄瀬川宿《きせがわしゅく》に陣《じん》をしいた。奥州《おうしゅう》からかけつけた弟義《よし》経《つね》と感動の対面をはたした時に、ふたりがこしかけたとされる一対《つい》の石が、八幡神《やはたじん》社《じゃ》にのこる。

〒411-0906
静岡《しずおか》県駿東郡《すんとうぐん》清水《しみず》町八幡《やはた》39
☎055-972-4904（八幡神社《やはたじんじゃ》）

満福寺《まんぷくじ》

源平合戦《げんぺいがっせん》後、源義経《みなもとのよしつね》が兄頼朝《よりとも》に鎌倉《かまくら》へ入ることをこばまれ、しかたなく腰越《こしごえ》のこの寺に滞在《たいざい》した。ここで「腰越状《こしごえじょう》」をかいたとされ、寺にはその下書きがのこる。

〒248-0033
神奈川《かながわ》県鎌倉《かまくら》市腰越《こしごえ》2-4-8
☎0467-31-3612

高館義経堂《たかだちぎけいどう》

義経《よしつね》の最後《さいご》の地とされる、高館《たかだち》の跡《あと》地《ち》に建てられた堂《どう》。文治《ぶんじ》五（一一八九）年閏《うるう》四月三十日、頼朝《よりとも》の圧迫《あっぱく》にたえかねた藤原秀衡《ふじわらのひでひら》の子、泰衡《やすひら》におそわれ、妻子《さいし》とともに自害《じがい》したとされる。

〒029-4102
岩手《いわて》県西磐井郡《にしいわいぐん》平泉《ひらいずみ》町平泉字《ひらいずみあざ》柳御所《やなぎごしょ》14
☎0191-46-3300

おすすめの本

・『ミネルヴァ日本歴史人物伝《れきしじんぶつでん》　源頼朝《みなもとのよりとも》』
ミネルヴァ書房《しょぼう》　２０１１年刊行《かんこう》
・『ミネルヴァ日本歴史人物伝《れきしじんぶつでん》　源義経《みなもとのよしつね》』
ミネルヴァ書房《しょぼう》　２０１２年刊行《かんこう》

第三話

承久《じょうきゅう》の乱《らん》

～女将軍《おんなしょうぐん》 北条政子《ほうじょうまさこ》、鎌倉幕府《かまくらばくふ》存亡《そんぼう》の危機《きき》を救《すく》う～

時代

政《せい》権《けん》を

伊豆《いず》の豪族《ごうぞく》、北条氏《ほうじょうし》の娘《むすめ》に生まれた政子《まさこ》は、平清盛《たいらのきよもり》によって伊豆《いず》にながされた源氏《げんじ》の棟梁《とうりょう》、源頼《みなもとのより》朝《とも》の妻《つま》となる。平氏《へいし》をほろぼした頼朝《よりとも》は、朝廷《ちょうてい》から征夷大将軍《せいいたいしょうぐん》ににんじられ、全国の武士《ぶし》の棟梁《とうりょう》とし

尼《あま》将《しょう》軍《ぐん》の北《ほう》条《じょう》政《まさ》子《こ》、武《ぶ》家《け》まもりぬく

て東国《とうごく》に鎌倉幕府《かまくらばくふ》をひらく。

政子《まさこ》は将軍《しょうぐん》の御台所《みだいどころ》として、頼《より》朝《とも》とともに御家人《ごけにん》たちの動向に気をくばった。頼朝《よりとも》なきあとは、政《まさ》子《こ》は将軍《しょうぐん》をついだ長男頼家《よりいえ》、次男実朝《さねとも》の後見として幕府《ばくふ》をうごかした。それをたすけたのは、政子《まさこ》の実家の北条義時《ほうじょうよしとき》であった。

三代将軍実朝《しょうぐんさねとも》が亡《な》くなると、京の後鳥羽上皇《ごとばじょうこう》は、北条義時追討《ほうじょうよしときついとう》の命令《めいれい》を出す。政治権力《せいじけんりょく》を鎌倉《かまくら》から京の朝廷《ちょうてい》に取りもどそうというのだ。鎌倉幕府最大《かまくらばくふさいだい》の危機《きき》がせまろうとしていた。

その時、動揺《どうよう》する鎌倉御家人《かまくらごけにん》たちの前に、尼将軍政子《あましょうぐんまさこ》が立つ。鎌《かま》倉幕府《くらばくふ》の命運を政子《まさこ》が決する瞬間《しゅんかん》がおとずれる。

北条政子《ほうじょうまさこ》

(1157 ~ 1225年)

伊豆《いず》の豪族《ごうぞく》、北条時政《ほうじょうときまさ》の娘《むすめ》。流人《るにん》であった源《げん》氏《じ》の棟梁《とうりょう》、頼朝《よりとも》にめぐりあい、恋愛結婚《れいあいけっこん》をする。頼朝《よりとも》とともに、東国武士《とうごくぶし》を御家人《ごけにん》とし、鎌倉幕府《かまくらばくふ》の成立《せいりつ》と発展《はってん》に力をつくす。夫《おっと》なきあとも、尼将軍《あましょうぐん》として幕府《ばくふ》をささえていく。

源頼朝《みなもとのよりとも》 (1147 ~ 99年)

源氏《げんじ》の棟梁《とうりょう》。妻《つま》となった政子《まさこ》の父、北条時政《ほうじょうときまさ》一族をはじめ、多くの武士団《ぶしだん》をひきいて平氏《へいし》をほろぼした。征夷大将軍《せいいたいしょうぐん》となり、武士《ぶし》としてはじめて幕府《ばくふ》をひらいた(鎌倉幕府《かまくらばくふ》)。

静御前《しずかごぜん》 (生没年不詳《せいぼつねんふしょう》)

京の白拍子《しらびょうし》（平安《へいあん》時代にはやった歌舞《うたまい》で、それを舞《ま》う女性《じょせい》）。義経《よしつね》の恋人《こいびと》。義経《よしつね》と生きわかれになり、とらえられて鎌倉《かまくら》へおくられる。

後白河法王《ごしらかわほうおう》 (1127 ~ 92年)

三十四年間にわたり院政《いんせい》をおこない、朝廷《ちょうてい》に君臨《くんりん》した。後鳥羽上皇《ごとばじょうこう》の祖父《そふ》。

人《じん》物《ぶつ》紹《しょう》介《かい》

源《みなもとの》頼《より》家《いえ》

(1182 ～ 1204年)

頼朝《よりとも》の長男。鎌倉幕府《かまくらばくふ》の二代将軍《しょうぐん》となるが、乱行《らんぎょう》から将軍《しょうぐん》の座《ざ》を追われる。

源《みなもとの》実《さね》朝《とも》 (1192 ～ 1219年)

頼朝《よりとも》の次男で、鎌倉幕府《かまくらばくふ》の三代将軍《しょうぐん》となる。和歌を愛《あい》し、京風をこのんだ。

後《ご》鳥《と》羽《ば》上《じょう》皇《こう》 (1180 ～ 1239年)

学問をこのみ、和歌をとおして実朝《さねとも》と親交があった。承久《じょうきゅう》の乱《らん》をひきおこす。

頼朝《よりとも》との出会い

「よいか、政子《まさこ》。蛭《ひる》ケ《が》小島《こじま》のあたりにはけっして近づいてはならない。あのあたりには、悪者どもがうろうろしているからな。」

「はい。父上。」

父、北条時政《ほうじょうときまさ》に政子《まさこ》は幼《おさな》い時から、そういいきかせられてそだった。

伊豆《いず》の韮山《にらやま》の豪族北条時政《ごうぞくほうじょうときまさ》は、開墾領主《かいこんりょうしゅ》のひとりである。

「わしらが、苦労《くろう》して切りひらき農地にしたのに、何で京の朝廷《ちょうてい》に年貢《ねんぐ》をおさめにゃならないのか。」

「せめて自分で開墾《かいこん》した土地くらい、自分のものとしてみとめてほしいのう。」

「わしら武士《ぶし》が、大番役《おおばんやく》という京の護衛役《ごえいやく》もつとめねばならないのは、つらいことだ。」

「これ、めったなことをいうな。朝廷《ちょうてい》や平氏《へいし》の目代《もくだい》の手先にきかれたら、即刻《そっこく》おとがめをうけるぞ。」

「ほんとうのところ、わしら東国《とうごく》の武士《ぶし》は、貴族《きぞく》や平氏《へいし》にいいようにつかわれてばかりじゃ。」

父のなかまたちが、酒をくみかわしながら話すのを、亡《な》くなった母のかわりに給仕《きゅうじ》をする政子《まさこ》は、いつもきくともなしにきいていた。

「平氏《へいし》がにくい。同じ武士《ぶし》でありながら貴族《きぞく》になって、平氏《へいし》一門だけが領地《りょうち》をふやし、ぜいたくにくらしているのがくやしくてならない。」

「まったくだ。※佐殿《すけどの》は、平清盛《たいらのきよもり》の母の尼《あま》のおかげで、死罪《しざい》のところを蛭ヶ小島《ひるがこじま》に流罪《るざい》となった罪人《ざいにん》だが、源氏《げんじ》の棟梁《とうりょう》の血筋《ちすじ》……。」

「だからといって、源氏《げんじ》の罪人《ざいにん》の味方をしたら謀反人《むほんにん》だ。」

「それだけはやめておけ。一族みなごろしになる。」

父のなかまの話はいつも同じだ。酔《よ》いがまわると、かならず都や平氏《へいし》へのぐちが出る。

「それにしても、蛭ヶ小島《ひるがこじま》の佐殿《すけどの》ってどんな人かしら。きっとおそろしい人。罪人《ざいにん》だもの。」

二十才に近い政子《まさこ》。父に行ってはならないといわれれば、なお行ってみたくなる。

※佐殿《すけどの》　「従五位下右兵衛権佐《じゅごいのげうひょうえごんのすけ》」という官位《かんい》の、最後《さいご》の一字をとったよび名。

「そうよ。草木のかげからそっとのぞくだけなら。」

政子《まさこ》は、父にかくれて馬をひきだす。政子《まさこ》は幼《おさな》いころから、男の子よりも馬にのることがとくいであった。しかし、

「年ごろの娘《むすめ》は、馬などのりまわしてはいないぞ。畑仕事で日焼《ひや》けしたまっ黒な顔では、みっともない。日焼《ひや》けしないよう、かさをわすれるな。」

ときびしく父にいわれている。よその娘《むすめ》たちは、政子《まさこ》よりずっと年若《としわか》く嫁《よめ》にいってしまった。いさましい娘《むすめ》と思われて政子《まさこ》に嫁《よめ》入りの声がかからないのでは、と時政《ときまさ》は心配していたのだ。

悪いことに政子《まさこ》ののった馬は、まる一日水を飲んでいなかった。政子《まさこ》が馬の背《せ》にのったとたん、馬は全速力で走りだした。

「これ、とまれ。これ、どうしたのだ。」

政子《まさこ》は、くるったように走る馬の背《せ》に、ふりおとされぬようにしがみついた。

馬はやみくもに走り、川のながれを見つけると速度をゆるめた。政子《まさこ》がほっとして顔を上げると、かけよってくる若者《わかもの》のすがたが目に入った。

「そなた。だいじょうぶか？」

このあたりの日焼《ひや》けした武士《ぶし》たちとはちがって、色白の品のある若者《わかもの》である。馬が川の水を飲みはじめると、政子《まさこ》に手をさしのべ馬からおりるのを手つだった。

「ありがとうございます。」

政子《まさこ》には、若者《わかもの》のものごし、ことば、すべてみやびに思える。

「失礼《しつれい》をおゆるしください。あなたさまは、蛭ヶ小島《ひるがこじま》の佐殿《すけどの》でしょうか？　わたしは北条時政《ほうじょうときまさ》の娘《むすめ》、政子《まさこ》と申します。」

「わたしは源頼朝《みなもとのよりとも》だ。佐殿《すけどの》とよばれるのは京を思いだすのでいやなのだ。ここで※従五位下《じゅごいのげ》右兵衛権佐《うひょうえごんのすけ》などというよび名は何の役にも立たない。」

政子《まさこ》の耳には、頼朝《よりとも》の声がここちよくひびいた。

「時政《ときまさ》どのの娘《むすめ》か。大したものだ。あの走りようでは男でも落馬したであろう。ごぶじで何より。」

ほめられたようでうれしく思いながら、「はい。」と政子《まさこ》はうなずいた。

※従五位下右兵衛権佐《じゅごいのげうひょうえごんのすけ》　源頼朝《みなもとのよりとも》は当時、この官位《かんい》をあたえられていた。

「佐殿《すけどの》は、少しもおそろしくないし、悪者でもないではないか。それどころか……。」

頼朝《よりとも》に出会ったこの日から、政子《まさこ》は頼朝《よりとも》に、また会いたいと思うようになった。

頼朝《よりとも》の夢《ゆめ》

政子《まさこ》と頼朝《よりとも》は、人目のない伊豆山《いずさん》神社でひっそり会うようになった。

「そなたも母が早くに亡《な》くなられたのか……わたしもだ。わたしの母は熱田神宮大宮司《あつたじんぐうだいぐうじ》の娘《むすめ》であった。そのせいか、わたしは神仏《しんぶつ》への思いが強く、仏像《ぶつぞう》をほったり、この伊豆山《いずさん》神社へよくまいるのだ。」

「頼朝《よりとも》さまは、お父上も戦《いくさ》で亡《な》くされておりますものね。」

「武士《ぶし》に生まれれば、戦《いくさ》で死ぬはさだめのようなものじゃ。親兄弟とでも、敵味方《てきみかた》となり斬《き》りあうこともある。命があるのは神仏《しんぶつ》の加護《かご》あってのこと。」

政子《まさこ》には、頼朝《よりとも》の口から出ることばが、どれも新鮮《しんせん》に思えた。いなかくさい東国《とうごく》の武士《ぶし》と

はまったくちがう優雅《ゆうが》さがある。政子《まさこ》は、頼朝《よりとも》の役に立ちたいと思いはじめる。

また頼朝《よりとも》も政子《まさこ》には、だれにもかたらなかった胸《むね》の内を明かすようになった。

「女のそなたに話しても分からないだろうが、わたしには夢《ゆめ》がある。いつか父のかたきの平氏《へいし》をうちたおし、征夷大将軍《せいいたいしょうぐん》となってこの東国《とうごく》で朝廷《ちょうてい》もみとめる武士《ぶし》の国をつくるという夢《ゆめ》だ。」

「あなたさまならりっぱな大将《たいしょう》になれます。頼朝《よりとも》さまの夢《ゆめ》、わたしもいっしょにかなえたい。」

政子《まさこ》は、征夷大将軍《せいいたいしょうぐん》がどういうものか知らなかったが、心からそう思うのであった。

しかし、政子《まさこ》の父時政《ときまさ》は、政子《まさこ》が頼朝《よりとも》に会っていることを知り、たいへんおこった。

「二度と佐殿《すけどの》に会ってはならない。平氏《へいし》に知られたらどうなることか。一族に災難《さいなん》がふりかかる。これからは、家から出ることもゆるさない。」

と見はるようになった。それでもまだ安心ならないと、政子《まさこ》を他家へ嫁《よめ》にやる準備《じゅんび》をすすめた。政子《まさこ》が嫁《よめ》にやられる日がせまった大雨の夜のこと。

「今夜しかない。」

政子《まさこ》は、夜もふけみなが寝《ね》しずまったのをたしかめると、雨のふるまっ暗なやみにとびこんだ。雨にうたれ道のない山中をまよい、ぬかるみに足を取られどろにまみれながら、ひたすら頼朝《よりとも》のもとへ走った。頼朝《よりとも》のそばで生きられないのなら死んでもよい、とさえ思った。

「政子《まさこ》、よくきてくれた。」

頼朝《よりとも》の笑顔《えがお》にむかえられ、

「頼朝《よりとも》さまとともに生きてまいります。」

きっぱりといいきる政子《まさこ》の決意と行動は、二十年間平氏《へいし》にしたがい、ひたすらたえてきた頼朝《よりとも》に、明るい希望《きぼう》をあたえた。

治承《じしょう》元（一一七七）年、ふたりは結婚《けっこん》する。源頼朝《みなもとのよりとも》三十一才、政子《まさこ》二十一才であった。

急展開《きゅうてんかい》

「政子《まさこ》の親不孝者《おやふこうもの》が……。」

北条時政《ほうじょうときまさ》は政子《まさこ》のだいたんな行動におこった。しかし流罪《るざい》の身とはいえ頼朝《よりとも》は、朝廷《ちょうてい》から従五位《じゅごい》という高い身分をさずけられた源氏《げんじ》の棟梁《とうりょう》である。

「佐殿《すけどの》をせめて、政子《まさこ》を取りもどすわけにはいかない。」

と、頼朝《よりとも》と政子《まさこ》の結婚《けっこん》をしぶしぶみとめた。やがて、結婚《けっこん》したふたりに大姫《おおひめ》が生まれた。


そのころ、京では、後白河法皇《ごしらかわほうおう》と平清盛《たいらのきよもり》のあらそいがはげしくなる。ついに清盛《きよもり》は法皇《ほうおう》をとじこめて、平氏《へいし》の独裁《どくさい》をはじめた。これに対し、平氏《へいし》に反感をもつ者たちが立ちあがる。後白河法皇《ごしらかわほうおう》の子、以仁王《もちひとおう》より伊豆《いず》の頼朝《よりとも》のもとへ、四月二十七日に平氏追討《へいしついとう》の命令《めいれい》がとどけられたのだ。以仁王《もちひとおう》の命令書《めいれいしょ》は、全国の源氏《げんじ》ゆかりの武士《ぶし》たちのもとへもとどけられていた。

「頼朝《よりとも》さま、ついに源氏《げんじ》が立ちあがる時がきましたね。」

「まあまて、政子《まさこ》。ここは慎重《しんちょう》によく考えてから行動しなければいけない。」

頼朝《よりとも》はすぐにはうごかない。五月になると、

「以仁王《もちひとおう》、源頼政殿《みなもとのよりまさどの》。宇治平等院《うじびょうどういん》の戦《たたか》いで討《う》ち死《じ》に。」

という知らせがとどいた。京の平氏《へいし》の動きはさらに東国《とうごく》をおどろかす。

「政子《まさこ》。京の都がたいへんだぞ。平清盛《たいらのきよもり》が都を※福原《ふくはら》へうつすそうだ。」

※福原《ふくはら》　現在《げんざい》の兵庫《ひょうご》県神戸《こうべ》市の一部。

「あきれはてます。都をうつすなど……。天皇《てんのう》や法皇方《ほうおうがた》、神社や寺をどうするのでしょう。人々をくるしめるだけのこと。みな、いやがっているにきまっています。」

「もう、平氏《へいし》の乱行《らんぎょう》をすててはおけない。」

慎重《しんちょう》な頼朝《よりとも》が、ついに平氏《へいし》と戦《たたか》う決意をした。

「あなたのお父上、義朝《よしとも》さまのかたき討《う》ちの時が、ようやくやってきたのですね。これまで、よくごしんぼうなさいました。」

八月十七日。頼朝《よりとも》は北条時政《ほうじょうときまさ》らとともに、伊豆《いず》にいる平氏《へいし》の目代山木兼隆《もくだいやまきかねたか》を襲撃《しゅうげき》した。しかし、二十三日石橋山《いしばしやま》の合戦《かっせん》でやぶれてしまう。敵《てき》にかこまれて頼朝《よりとも》ら数名がかくれていたところ、敵方《てきがた》の梶原景時《かじわらかげとき》がひそかに逃走《とうそう》をたすけ、頼朝《よりとも》はぶじに※安房《あわ》の国へのがれることができた。

「どうか、頼朝《よりとも》さまや父上たちをおまもりください。」

伊豆山《いずさん》で政子《まさこ》は、ひたすら神仏《しんぶつ》にいのる日々をすごした。流人《るにん》であった頼朝《よりとも》には代々の家《か》臣《しん》というものがなかったので、関東《かんとう》で頼《たの》みにできる者は北条氏《ほうじょうし》と賛同《さんどう》するなかまだけ、とい

※安房《あわ》　現在《げんざい》の千葉《ちば》県南部。

う頼朝《よりとも》の決起《けっき》であった。

ところが、

「われら、源氏《げんじ》の棟梁《とうりょう》、源頼朝殿《みなもとのよりともどの》を、お助けします。」

「もう平氏《へいし》の世は終わらせねば。わたしも頼朝《よりとも》さまにお味方いたします。」

千葉氏《ちばし》、上総介《かずさのすけ》など東国武士《とうごくぶし》たちがつぎからつぎへ、平氏打倒《へいしだとう》を旗《はた》じるしとする源氏《げんじ》の棟梁《とうりょう》、頼朝《よりとも》のもとへはせさんじた。源氏《げんじ》と平氏《へいし》はもともと武家《ぶけ》のライバルどうしであったが、平清盛《たいらのきよもり》の勢《いきお》いに、源氏《げんじ》はずっとおさえられ、しんぼうしてきたのである。長年の不満《ふまん》を平氏《へいし》打倒《だとう》にぶつけようと、頼朝《よりとも》の軍《ぐん》はわずかのあいだに関東《かんとう》で大勢力《だいせいりょく》となっていた。また、※信濃《しなの》では頼朝《よりとも》のいとこ、木曽《きそ》（源《みなもと》）義仲《よしなか》が挙兵《きょへい》し、信濃《しなの》の国を手中にして北陸《ほくりく》から京をめざす。

このような平氏打倒《へいしだとう》の源氏《げんじ》の決起《けっき》に、平氏方《へいしがた》もだまってはいない。

「にくらしいやつ。源頼朝《みなもとのよりとも》の首を取ってくるのだ！」

平氏《へいし》の大軍《たいぐん》が、京を出発したとの知らせが入った。

政子《まさこ》は、あれこれと頼朝《よりとも》の出陣《しゅつじん》のしたくをしながら、頼朝《よりとも》にたずねた。

※信濃《しなの》　現在《げんざい》の長野《ながの》県。

「見わたすかぎり軍勢《ぐんぜい》ばかり。いったいどれくらいあつまりましたのでしょう。」

「さて、十万か二十万か……。日ごとに味方の軍勢《ぐんぜい》がふえていくので、はっきりとは分からない。」

「まさか、あなたさまが、かぞえきれないほどの何十万もの軍勢《ぐんぜい》の総大将《そうだいしょう》に、成《な》られるとは……。まだ、平氏追討《へいしついとう》の戦《いくさ》をはじめられて二か月ほどですのにね。」

「これは、わたしの征夷大将軍《せいいたいしょうぐん》への夢《ゆめ》の第一歩となる戦《いくさ》。平氏《へいし》に負けるわけにはいかない。」

「もちろんです。あなたさまが、きっと勝たれます。わたくしがついておりますゆえ。」

政子《まさこ》は頼朝《よりとも》の武運《ぶうん》をいのりつつ、おくりだした。

頼朝《よりとも》は、総大将《そうだいしょう》として富士《ふじ》川で平氏軍《へいしぐん》と対面した。しかし、源氏《げんじ》の大軍《たいぐん》を目にした平氏軍《へいしぐん》は、戦《たたか》う前に水鳥の音におどろいて京へにげもどっていく。

「あんな弱腰《よわごし》の平氏《へいし》なら、源氏《げんじ》の軍勢《ぐんぜい》でほろぼせる。京まで追いましょう。」

という声も上がった。しかし、

「いや、ここは深追いしてはいけない。まず、東国《とうごく》のかためをしよう。」

慎重《しんちょう》で用心深い頼朝《よりとも》は、政子《まさこ》のまつ鎌倉《かまくら》へ帰った。

「大勝利《だいしょうり》、おめでとうございます。」

と満面《まんめん》の笑《え》みでむかえる政子《まさこ》に、頼朝《よりとも》はいう。

「政子《まさこ》。まだまだ、勝利《しょうり》とはいえない。平氏《へいし》という敵《てき》に対して立ちあがった東国《とうごく》の武士《ぶし》たちの、心はまだばらばらだ。武士《ぶし》たちの心をまとめあげられなければ、わたしの夢《ゆめ》への一歩はふみだせたとはいえないのだ。」

政子《まさこ》は、大勝利《だいしょうり》にも冷静《れいせい》な頼朝《よりとも》に、大きな夢《ゆめ》へのゆるぎない決意を感じた。

東国《とうごく》の国づくり

「政子《まさこ》。わたしにしたがった武士《ぶし》たちがうらぎることがあるかもしれない。武士《ぶし》たちをおさめる役所（侍所《さむらいどころ》）をおこうと思う。役所の長官は和田義盛《わだよしもり》でどうか？」
「そうですね。武士《ぶし》たちは気があらくよくけんかをいたしますから、役所があれば安心です。

今日《きょう》味方でも明日《あす》は敵《てき》になるかもしれない。人の心は、おれることがあるものです。」

「武士《ぶし》というもの、平氏《へいし》のように貴族《きぞく》のまねごとをしてはならない。戦《いくさ》にそなえ、ふだんから質素《しっそ》にくらして金をためておくのだ。馬を大事にして、弓矢をはじめ毎日武芸《ぶげい》をみがいてこそ武士《ぶし》なのだ。」

「はい、北条《ほうじょう》の家の者たちにもつたえておきます。」

このように頼朝《よりとも》は鎌倉《かまくら》で着々と武士《ぶし》の支配体制《しはいたいせい》をととのえていく。

年が明けて早々に、京のようすが報告《ほうこく》された。

「政子《まさこ》、平清盛《たいらのきよもり》にとじこめられていた後白河法皇《ごしらかわほうおう》が、まつりごとを再開《さいかい》されたそうだ。」

「法皇《ほうおう》さまは、平氏《へいし》の味方なのか敵《てき》なのか、よく分からないおかたですね。」

「味方のはずが敵《てき》になる。後白河法皇《ごしらかわほうおう》は、むずかしいおかただ。てんぐのなかでも大てんぐというところだ。」

「どうして大てんぐなのですか？」

「高いところにいて、下にいる者を利用《りよう》してあやつり、けんかさせるのがおすきなのだ。」

「あなたさまは、京からはなれた東国《とうごく》におられますのに、何でもお見とおしなのですね。」

政子《まさこ》は、京の都の朝廷《ちょうてい》や法皇《ほうおう》のようすに通じている頼朝《よりとも》を、尊敬《そんけい》せずにはいられなかった。

閏《うるう》※二月になると、平清盛《たいらのきよもり》が病《やまい》にかかり亡《な》くなった。

清盛《きよもり》が亡《な》くなると、平氏《へいし》に対する世の人々の態度《たいど》は少しずつ変化《へんか》していく。

各地《かくち》で平氏《へいし》と源氏《げんじ》の合戦《かっせん》はあったが、頼朝《よりとも》はうごかず、東国《とうごく》の国づくりに力をいれた。頼《より》朝《とも》の家来《けらい》になった武士《ぶし》たちを、御家人《ごけにん》とよぶようになる。

頼朝《よりとも》は、東国武士《とうごくぶし》の都として鎌倉《かまくら》の町づくりをすすめる。町を見おろす位置《いち》に鶴岡八幡《つるがおかはちまん》宮《ぐう》。八幡宮《はちまんぐう》からまっすぐ海岸まで若宮大路《わかみやおおじ》をつくらせた。

寿永《じゅえい》元（一一八二）年の春。

「政子《まさこ》、そなたの安産《あんざん》を祈願《きがん》して、若宮大路《わかみやおおじ》に鶴岡八幡宮《つるがおかはちまんぐう》の参道《さんどう》をつくらせるぞ。」

東国《とうごく》の武士《ぶし》たちはきそって土や石をはこび、みごとな参道《さんどう》「段《だん》かずら」が完成《かんせい》した。

そして八月。政子《まさこ》に男の子が生まれた。

「政子《まさこ》、ようやった。神のご加護《かご》だな。あとつぎが生まれ、これで源氏《げんじ》も安泰《あんたい》だ。」

※閏《うるう》　昔の、季節《きせつ》とじっさいの季節《きせつ》とのずれを調節《ちょうせつ》するために加《くわ》えられた月や日。

「りっぱな参道《さんどう》を、この子のために寄進《きしん》なさった、あなたさまの信仰心《しんこうしん》のおかげです。」

若君《わかぎみ》の誕生祝《たんじょういわ》いに各地《かくち》からあつまってきた御家人《ごけにん》たちは、祝《いわ》い刀《がたな》や馬を献上《けんじょう》した。献上《けんじょう》された馬は、二百頭をこえたという。

頼朝《よりとも》と政子《まさこ》の長男は頼家《よりいえ》と名づけられ、頼朝《よりとも》の乳母《めのと》であった比企氏《ひきし》にそだてられる。

平氏《へいし》の都落ち

頼朝《よりとも》に長男が生まれたよく年、頼朝《よりとも》のいとこ信濃《しなの》の木曽義仲《きそよしなか》が北陸《ほくりく》での戦《いくさ》で平氏《へいし》をやぶった。

清盛《きよもり》が亡《な》くなったあとの平氏《へいし》に、かつての勢《いきお》いはない。木曽義仲《きそよしなか》が都にせめいるのをおそれた平氏《へいし》一門は、一族の血縁《けつえん》のある八才の安徳天皇《あんとくてんのう》と、その母で清盛《きよもり》の娘《むすめ》、建礼門院徳子《けんれいもんいんとくこ》、天皇《てんのう》の位《くらい》のしるしである神器《じんぎ》とともに都をあとにする。

ところが後白河法皇《ごしらかわほうおう》は、

「平氏《へいし》を追討《ついとう》せよ。」

と義仲《よしなか》に命令《めいれい》して、あらたに後鳥羽天皇《ごとばてんのう》を立てた。そのいっぽうで法皇《ほうおう》は頼朝《よりとも》に、

「東国《とうごく》の支配権《しはいけん》をみとめる。」

というゆるしをあたえた。

この知らせは頼朝《よりとも》のまちのぞんでいたものだった。

「あなたさまの夢《ゆめ》がひとつかないましたね。」

とうれしくてたまらない。しかし、頼朝《よりとも》は手ばなしによろこばなかった。

「大てんぐの法皇《ほうおう》さまのことばは、何かのもくろみがあってのこと。用心しなければならない。御家人《ごけにん》たちにつたえよ。この頼朝《よりとも》のゆるしなく、後白河法皇《ごしらかわほうおう》のあたえるものをうけてはならない。もめごとのたねになる……とな。」

政子《まさこ》は、頼朝《よりとも》の用心深さにおどろいた。頼朝《よりとも》はそれから、許可《きょか》なく法皇《ほうおう》から位《くらい》をさずけられた御家人《ごけにん》たちをきびしく処罰《しょばつ》した。やがて後白河法皇《ごしらかわほうおう》は、「木曽義仲《きそよしなか》は、都で乱暴《らんぼう》をはたらくので追討《ついとう》せよ。」というあらたな命令《めいれい》を頼朝《よりとも》につげる。

「法皇《ほうおう》さまは、ついさきごろ、義仲殿《よしなかどの》に平氏追討《へいしついとう》を命令《めいれい》されたのに、何ということでしょう。

源氏《げんじ》に源氏《げんじ》を追討《ついとう》させるなど、後白河法皇《ごしらかわほうおう》さまはむごいおかたです。」

「政子《まさこ》、武家《ぶけ》にはよくあることなのだ。どのようなむごいことにもたえしのばなければ、生きぬいてはいけない。」

頼朝《よりとも》は、幼《おさな》い時からそのむごさを何回も見てきたのだ。

頼朝《よりとも》は、法皇《ほうおう》の命令《めいれい》にしたがい、弟範頼《のりより》と義経《よしつね》に軍勢《ぐんぜい》をつけて京にむかわせ、義仲《よしなか》をたおした。

京の範頼《のりより》と義経《よしつね》は、さらに法皇《ほうおう》より平氏追討《へいしついとう》を命じられて、京を出発した。

義経《よしつね》がみごとに一《いち》の谷《たに》で勝利《しょうり》をおさめると、後白河法皇《ごしらかわほうおう》はすかさず、

「あっぱれなはたらきの義経《よしつね》に検非違使《けびいし》の位《くらい》をあたえ、※内裏《だいり》への昇殿《しょうでん》をゆるす。」

という特別《とくべつ》あつかいをした。これを義経《よしつね》は源氏《げんじ》の名誉《めいよ》と思い、さらに奮戦《ふんせん》してついに文治《ぶんじ》元（一一八五）年三月、壇《だん》の浦《うら》で平氏《へいし》をほろぼす。義経《よしつね》の活躍《かつやく》はだれの目にもあきらかで、都での義経《よしつね》の評判《ひょうばん》はたいへんなものだった。

しかし、頼朝《よりとも》のゆるしなく後白河法皇《ごしらかわほうおう》のほうびをうけたことが、義経《よしつね》の運命《うんめい》を暗転させた。

※内裏《だいり》　天皇《てんのう》がすんでいる場所。

何度か、頼朝《よりとも》が鎌倉《かまくら》へ義経《よしつね》をよびもどそうとしたが、義経《よしつね》は後白河法皇《ごしらかわほうおう》からはなれない。壇《だん》の浦《うら》の合戦《かっせん》の半年後、頼朝《よりとも》は義経追討《よしつねついとう》を決断《けつだん》した。義経追跡《よしつねついせき》を口実に、頼朝《よりとも》は全国に配下の者たちを配置《はいち》して取りしまりを強化し、同時に地頭《じとう》を配置《はいち》して税《ぜい》を取りたてる権利《けんり》をえる。これで頼朝《よりとも》が全国を支配《しはい》する準備《じゅんび》がととのった。

義経《よしつね》のゆくえをさがしていた者が、京で義経《よしつね》の恋人《こいびと》であった白拍子《しらびょうし》、静《しずか》をとらえた。静《しずか》は、すぐ鎌倉《かまくら》に護送《ごそう》され、取りしらべをうけた。このことをきいた政子《まさこ》は、頼朝《よりとも》にねがいでる。

「静《しずか》の舞《ま》いは、百人の白拍子《しらびょうし》をきそわせた法皇《ほうおう》さまが、天下一とみとめられたもの。ぜひ、鶴岡八幡宮《つるがおかはちまんぐう》に静《しずか》の舞《ま》いを奉納《ほうのう》させたい。大姫《おおひめ》や御家人《ごけにん》たちにも京のみやびな舞《ま》いを見せてやりたいのです。」

頼朝《よりとも》は政子《まさこ》が熱心《ねっしん》にたのむので、それをみとめた。文治《ぶんじ》二年四月八日、静《しずか》は八幡宮《はちまんぐう》の舞殿《まいどの》に白拍子《しらびょうし》のすがたで立ち、歌いながら舞《ま》った。

「吉野山《よしのやま》　みねの白雪ふみわけて　入りにし人のあとぞ恋《こい》しき

しずやしず　しずのおだまきくりかえし　昔をいまになすよしもがな」
（吉野山《よしのやま》の峰《みね》の白雪《しらゆき》をふみわけて、山に入っていかれた義経《よしつね》さまが恋《こい》しい
倭文《しず》の布《ぬの》を織《お》る麻糸《あさいと》をまいたおだまきから、糸がくりかえしくりだされるように、
昔のように兄弟のなかがもどらないものでしょうか）

だれもきいたことのない美しい声と優雅《ゆうが》な舞《ま》いに、見た者はみな感動した。

ところが頼朝《よりとも》は、

「けしからん。ここは神前。鎌倉《かまくら》をたたえる歌を披露《ひろう》すべきなのに、反逆《はんぎゃく》した義経《よしつね》をしたう歌などもってのほか。」

とおこりだした。すると、政子《まさこ》は、おだやかだが一歩もゆずらない気迫《きはく》をもって、頼朝《よりとも》をせっとくした。

「流人《るにん》であったあなたさまのもとへ、父にとじこめられた家からとびだして、雨の夜道にまよいながら走った日のわたし。また、石橋山《いしばしやま》の合戦《かっせん》であなたさまの生死さえわからぬ日を、

生きたここちもせずすごしたわたしも、いまの静《しずか》の気持ちと同じでした。たったひとりのかたをしたいつづける静《しずか》は、すばらしい女性《じょせい》です。」

政子《まさこ》のことばに、その場にいた御家人《ごけにん》はもちろん身分の上下にかかわらず、すべての人々が心うたれた。情《じょう》のあつい政子《まさこ》は、静《しずか》にたくさんのほうびをあたえ、京へ帰したのである。

静《しずか》のしたう義経《よしつね》は、頼朝《よりとも》の追跡《ついせき》をかわし奥州藤原氏《おうしゅうふじわらし》のもとでかくまわれた。しかし、頼朝《よりとも》にせめられることをおそれた藤原氏《ふじわらし》は、ついに義経《よしつね》を襲撃《しゅうげき》して家族ともどもころしてしまう。義経《よしつね》は三十一才であった。

かなった夢《ゆめ》と夢《ゆめ》のあと

頼朝《よりとも》は大てんぐ後白河法皇《ごしらかわほうおう》を相手にしながら、着々と武士《ぶし》の夢《ゆめ》を実現《じつげん》した。しかし、夢《ゆめ》のひとつであった、頼朝《よりとも》の長女大姫《おおひめ》を天皇《てんのう》の妃《きさき》にすることは、大姫《おおひめ》が病気で亡《な》くなってしまったので、実現《じつげん》しなかった。

建久《けんきゅう》三（一一九二）年三月に後白河法皇《ごしらかわほうおう》が六十六才で亡《な》くなり、七月、頼朝《よりとも》はついに征夷《せいい》大将軍《たいしょうぐん》ににんぜられることになった。

「あなたさまの夢《ゆめ》が、とうとうかないましたね。おめでとうございます。」

頼朝《よりとも》は四十六才、政子《まさこ》は三十六才、八月に入ると政子《まさこ》は次男実朝《さねとも》を生んだ。

頼朝《よりとも》が、武士《ぶし》の頂点《ちょうてん》をきわめる位《くらい》である征夷《せいい》大将軍《たいしょうぐん》ににんぜられたことで、全国の武士《ぶし》を統制《とうせい》する役所は、のちに、鎌倉幕府《かまくらばくふ》とよばれるようになった。

「東国《とうごく》に武士《ぶし》の国をつくるのがあなたさまの夢《ゆめ》でしたけど、東国《とうごく》どころか全国を、あなたさまの御家人《ごけにん》がおさめることになったのですね。」

「これは、政子《まさこ》の国でもあるのだ。わたしが死んだら、おまえがおさめることになる。」

「まあ、ごじょうだんを。」

政子《まさこ》は、そのような日がくるはずはないとわらった。頼朝《よりとも》のあとをつぐ頼家《よりいえ》もいるし、実《さね》朝《とも》もいる。しかしじつのところ政子《まさこ》は、頼朝《よりとも》にただひっそりよりそう御台所《※みだいどころ》ではなかった。

「殿《との》が御家人《ごけにん》から報告《ほうこく》されることは、御台所《みだいどころ》であるわたしにも知る権利《けんり》があります。」

※御台所《みだいどころ》　将軍《しょうぐん》の妻《つま》のよび名。

と、頼朝《よりとも》に申しいれ、御家人《ごけにん》にもそうするよう命じた。政子《まさこ》は頼朝《よりとも》のおこなう政治《せいじ》を見聞きしながら、「貞観政要《じょうがんせいよう》」（唐《とう》の皇帝太宗《こうていたいそう》と家臣《かしん》の議論《ぎろん》をまとめた政治《せいじ》の教科書）をよみ、学ぶ。

「政治《せいじ》は、民《たみ》のうれいを知り、人の意見をよくきいておこなわなければならないのだわ。」

政子《まさこ》はつねに、そう心がけてくらしていたのである。

不幸《ふこう》は頼朝《よりとも》が征夷大将軍《せいいたいしょうぐん》ににんじられて七年目におとずれた。落馬による傷《きず》がもとで、正治《しょうじ》元（一一九九）年正月、五十三才で頼朝《よりとも》が亡《な》くなったのである。

「あなたさまの国づくりは、まだまだこれからではありませんか。なのに、どうしてこのようにいそいでいってしまわれたのですか。」

政子《まさこ》は、もうものいわぬ頼朝《よりとも》にむかって、心のなかでさけんだ。ほんとうは、思うぞんぶん声を上げて泣《な》きたいが、自分が取りみだしては御家人《ごけにん》たちの動揺《どうよう》をまねく。動揺《どうよう》はあらそいのもとになる。

「あなたさまが、命をかけてつくりあげてこられた武士《ぶし》の国を、ここでかたむけるようなことはできません。この政子《まさこ》、あなたさまの夢《ゆめ》をまもりとおしてごらんにいれましょう。」

政子《まさこ》は、深い悲《かな》しみと不安《ふあん》を心のそこにしまい、ちかった。髪《かみ》をおろして尼《あま》となった政子《まさこ》は、頼朝《よりとも》のきずきあげてきたものをまもることに心血をそそいだ。しかし、さらなる悲《かな》しみが政子《まさこ》をまっていた。六月に次女の乙姫《おとひめ》も病気で亡《な》くなってしまったのである。

二代将軍《しょうぐん》となる十八才の頼家《よりいえ》は、乳母《うば》の比企氏《ひきし》にあまやかされてそだったせいか、棟梁《とうりょう》の自覚《じかく》がうすかった。なかまと遊びまわることがすきで、母の悲《かな》しみなど気にもとめない。

「わが子ながら情《なさ》けない。御家人《ごけにん》の土地の所有あらそいのさばきもいいかげんで、頼家《よりいえ》への不満《ふまん》の声もきこえる。さばきは北条家《ほうじょうけ》をはじめとする、有力御家人《ごけにん》十三人の話しあいでおこなっていただきたい。頼家《よりいえ》が御家人《ごけにん》たちの信頼《しんらい》をうしなえば、鎌倉幕府《かまくらばくふ》がゆらぐ。そうなっては一大事です。」

毅然《きぜん》とした政子《まさこ》のことばと、わが子であってもきびしく正しい裁断《さいだん》に、御家人《ごけにん》たちから文《もん》句《く》の出るはずはなかった。

政子《まさこ》は「尼御台所《あまみだいどころ》」と御家人《ごけにん》たちによばれ、なき頼朝《よりとも》の後家《ごけ》として、頼朝《よりとも》のもっていた決《けっ》定権《ていけん》を、とうぜんのようにひきついだ。

「政治《せいじ》は正しい道にそっておこなわなければ、世のみだれるもと。頼朝《よりとも》さまならば、たとえわが子でも、道にはずれた者をゆるさないであろう。」

政子《まさこ》は、いつも頼朝《よりとも》の気持ちになって決断《けつだん》をくだした。

頼家《よりいえ》は、将軍《しょうぐん》の仕事をうばわれたことを根にもって、いよいよすきかってに行動する。都からけまり※の師《し》をよび、けまりばかりをして遊んだ。また有力御家人《ごけにん》の妻《つま》をうばって、戦《いくさ》が起こるかという大さわぎとなった。

「頼家《よりいえ》のふるまいは、源氏《げんじ》の棟梁《とうりょう》としての器量《きりょう》に欠《か》け、あぶなくて見ていられない。出家させるしかないでしょう。」

二代将軍頼家《しょうぐんよりいえ》は将軍《しょうぐん》になったよく年出家させられ、修善寺《しゅぜんじ》におしこめられた。頼家《よりいえ》は政子《まさこ》に

「さびしくてたまりません。」

という手紙をよこすので、政子《まさこ》はいつも案《あん》じていたが、頼家《よりいえ》はほどなく何者かに暗殺《あんさつ》されてしまう。

※けまり　まりをメンバーどうしで足でけってわたす遊び。平安《へいあん》時代に流行した。

政子《まさこ》は、四人の子のうち三人をうしなってしまった。政子《まさこ》にできることは、ひたすら菩提《ぼだい》をとむらうことだけであった。それに、子どもの死を悲《かな》しむよりも大切な、頼朝《よりとも》ののこした幕府《ばくふ》の仕事が政子《まさこ》にはあった。

頼家《よりいえ》の死によって、弟の実朝《さねとも》が三代将軍《しょうぐん》となったが、実朝《さねとも》はまだ十三才である。実質的《じっしつてき》に将軍《しょうぐん》の仕事は、政子《まさこ》がおこなう。

頼朝《よりとも》のなきあと、関東《かんとう》ではつぎつぎに謀反事件《むほんじけん》が起こった。そのたびに政子《まさこ》は、ことをおさめる裁定《さいてい》をして、幕府《ばくふ》のかじ取りをしなければならない。

元久二《げんきゅう》（一二〇五）年閏《うるう》七月。政子《まさこ》をおどろかす事件《じけん》が発覚《はっかく》した。

政子《まさこ》の父北条時政《ほうじょうときまさ》の再婚《さいこん》相手の牧《まき》の方《かた》が、自分の娘婿《むすめむこ》を実朝《さねとも》にかわって将軍《しょうぐん》にしようとたくらんだのだ。この情報《じょうほう》を耳にした政子《まさこ》は、顔色を変《か》えた。

「実朝《さねとも》がねらわれている。すぐ、実朝《さねとも》を弟義時《よしとき》の屋敷《やしき》にうつすのです。義時《よしとき》は執権《しっけん》として実《さね》朝《とも》を補佐《ほさ》しなさい。父上といえども、このようなことはゆるされません。謀反人《むほんにん》は処罰《しょばつ》します。父上にはご出家いただきます。」

「まさか、北条家《ほうじょうけ》から謀反人《むほんにん》が出るとは……。」

政子《まさこ》にとっては、つらい事件《じけん》であった。しかし、政子《まさこ》の裁定《さいてい》は公平で、御家人《ごけにん》たちをなっとくさせる力をそなえていた。何度も幕府《ばくふ》の危機《きき》がおとずれたが、政子《まさこ》と政子《まさこ》の信頼《しんらい》する重臣《じゅうしん》たちによって、何とかのりきるのである。

三代将軍実朝《しょうぐんさねとも》は、京より後鳥羽上皇《ごとばじょうこう》のいとこにあたる姫《ひめ》を妻《つま》にむかえ、将軍《しょうぐん》の仕事もまじめにおこなった。実朝《さねとも》は和歌に熱心《ねっしん》で、後鳥羽上皇《ごとばじょうこう》や藤原定家《ふじわらのていか》の指導《しどう》をこのんでうける。

「母上、後鳥羽上皇《ごとばじょうこう》はいろいろな才能《さいのう》をおもちです。なかでも和歌は『世をおさめ民《たみ》をなごませる道だ』とおっしゃるのです。」

実朝《さねとも》は、公家《くげ》文化を愛《あい》する将軍《しょうぐん》であった。政子《まさこ》はそのすがたを見て不安《ふあん》に思った。

「戦《いくさ》を知らずにそだつと、このようになってしまうのか。頼朝《よりとも》さまがおいでになられたら、何とおっしゃるか。実朝《さねとも》は武家《ぶけ》ではなく、まるで公家《くげ》のような将軍《しょうぐん》ではないか。ここは、わたしや弟の義時《よしとき》がしっかり御家人《ごけにん》をまとめていくしかない。将軍《しょうぐん》のあとつぎ問題も気になるところだ。実朝夫婦《さねともふうふ》には子どもがいないから、できることなら天皇《てんのう》のお子である親王《しんのう》さまを鎌倉将軍《かまくらしょうぐん》に、と後鳥羽上皇《ごとばじょうこう》の乳母《うば》の藤原兼子《ふじわらのけんし》さまにお願《ねが》いしてみよう。」

政子《まさこ》は京へおもむき、朝廷《ちょうてい》の実力者といわれる藤原兼子《ふじわらのけんし》に、親王将軍《しんのうしょうぐん》をあとつぎにしたいとねがいでた。

ところが承久《じょうきゅう》元（一二一九）年、三代将軍実朝《しょうぐんさねとも》は、鶴岡八幡宮《つるがおかはちまんぐう》に拝礼《はいれい》するところを、二代将軍頼家《しょうぐんよりいえ》の遺児《いじ》公暁《くぎょう》にさされ、絶命《ぜつめい》する。

「公暁《くぎょう》は実朝《さねとも》の兄の子。実朝《さねとも》はおじにあたる。このように悲《かな》しい身内でのころしあいは、武《ぶ》家《け》にはよくあることと頼朝《よりとも》さまはいわれたが、何ということ。」

政子《まさこ》は「どのようなむごいことにもたえしのんで生きぬくのだ」という頼朝《よりとも》のことばを思いだしながら、悲《かな》しみをこらえるしかなかった。

尼将軍《あましょうぐん》、決起の大号令《だいごうれい》！

実朝《さねとも》の死から二か月たったころ、京より使者がきたというので、

「四代将軍《しょうぐん》になられるかたがきまった……という知らせにちがいない。」

と期待してむかえた政子《まさこ》であった。

ところが、使者がもたらしたのは、後鳥羽上皇《ごとばじょうこう》の妃《きさき》の土地（摂津《せっつ》にある倉橋荘《くらはしのしょう》）での幕府《ばくふ》による地頭支配《じとうしはい》を廃止《はいし》せよ、という要求《ようきゅう》であった。

「何と、ぶれいな。実朝《さねとも》が亡《な》くなったあとの朝廷《ちょうてい》の幕府《ばくふ》への態度《たいど》はゆるしがたい。即刻《そっこく》、ことわりなさい。」

政子《まさこ》は上皇《じょうこう》の要求《ようきゅう》をしりぞけた。

そののち、京より政子《まさこ》ののぞんでいた親王《しんのう》ではなく九条家《くじょうけ》の三寅《みとら》（二才）が、四代将軍《しょうぐん》になるべく鎌倉《かまくら》へつかわされた。

「実朝《さねとも》が生きていたら……。こんなことにはならなかったであろう。」

実朝《さねとも》は、後鳥羽上皇《ごとばじょうこう》と親密《しんみつ》であったから、何ごとも鎌倉《かまくら》の思いどおりになっていた。政子《まさこ》は内心なげく。上皇《じょうこう》の妃《きさき》の土地の一件《いっけん》いらい、実朝《さねとも》のいない鎌倉《かまくら》を軽んじる上皇《じょうこう》の態度《たいど》は、実朝《さねとも》の生きていた時に約束《やくそく》していた親王将軍《しんのうしょうぐん》をつかわさなかったことにも、あきらかにあらわれていた。

軽んじるどころか、後鳥羽上皇《ごとばじょうこう》はしだいに、武家政権鎌倉幕府《ぶけせいけんかまくらばくふ》への反感を強めていった。

「わが理想は、和歌とともに朝廷《ちょうてい》もさかんであった古きよき政治《せいじ》の時代を取りもどすことだ。」

上皇《じょうこう》は、武士《ぶし》ににぎられた実権《じっけん》を、朝廷《ちょうてい》に取りもどしたいと考えていたのである。

そして二年後、鎌倉存亡《かまくらそんぼう》の危機《きき》の日がおとずれる。上皇《じょうこう》はついに決断《けつだん》をくだした。

「これまで何かと朝廷《ちょうてい》をおびやかす鎌倉幕府《かまくらばくふ》であった。和歌を通じてしたしかった実朝《さねとも》もいなくなった。頼朝《よりとも》の血すじも威光《いこう》もとだえたいまこそ、めざわりな鎌倉幕府《かまくらばくふ》をほろぼしてしまえ。執権北条義時《しっけんほうじょうよしとき》を追討《ついとう》せよ！」

後鳥羽上皇《ごとばじょうこう》はまず、幕府《ばくふ》のおいた京都守護《きょうとしゅご》をせめほろぼし、北条義時追討《ほうじょうよしときついとう》の命令《めいれい》を全国に発した。承久《じょうきゅう》三（一二二一）年五月十五日のことである。後鳥羽上皇《ごとばじょうこう》の義時追討《よしときついとう》の命令《めいれい》は、鎌倉《かまくら》の御家人《ごけにん》たちにもとどけられた。

「何ということ。今日《きょう》まで朝廷《ちょうてい》をお守りしてきたのはわれらではないか。東国《とうごく》に武士《ぶし》の政治《せいじ》の場をきずき、朝廷《ちょうてい》や国々の土地をまもってきたのは鎌倉幕府《かまくらばくふ》ではないか。その幕府《ばくふ》をたばねている弟義時《よしとき》を朝廷《ちょうてい》の敵《てき》とされるなど、上皇《じょうこう》さまはご乱心《らんしん》か？　目をさましていただかねばならぬ。」

政子《まさこ》は、くやしさに身がふるえた。

しかし、朝廷《ちょうてい》の敵《てき》となることに御家人《ごけにん》たちは動揺《どうよう》している。

「わたしに、上皇《じょうこう》さまの命令書《めいれいしょ》がとどいたぞ。」

「そうか、うちにもとどいた。北条義時《ほうじょうよしとき》さまを追討《ついとう》せよと。」

「わしにもとどいた。」

御家人《ごけにん》たちのざわめきは、大きくなりひろがっていく。

執権北条義時《しっけんほうじょうよしとき》は、姉の政子《まさこ》の前に頭を下げた。

「おでましを。御家人《ごけにん》へおことばをたまわりますよう。」

「わかりました、義時《よしとき》。」

そこで政子《まさこ》は五月十九日、あつまった御家人《ごけにん》たちを前に決然《けつぜん》としてかたりかけた。

「みな、心をひとつにしてよくききなさい。これで最後《さいご》のことばとします。なき将軍頼朝公《しょうぐんよりともこう》が、朝廷《ちょうてい》の敵《てき》をほろぼし、関東《かんとう》に幕府《ばくふ》をひらかれた。そなたたちが、官位《かんい》や収入《しゅうにゅう》をえられるようになったのはだれのおかげです。ほかならぬ頼朝公《よりともこう》のご恩《おん》は、山よりも高く海よりも深いではありませんか。」

さきほどまでのざわめきがうそのように、政子《まさこ》のりんとした声を、御家人《ごけにん》たちはしんとしてきいた。政子《まさこ》は、しずかに一同を見わたすとつづけた。

「ところがいま、上皇《じょうこう》は、悪事をたくらむ者のことばにまどわされ、われらを追討《ついとう》せよという命令《めいれい》を出された。おまえたち、名をおしむならば、すみやかに敵《てき》を討《う》ちとり、源氏《げんじ》三代の将軍《しょうぐん》がきずいてきたものをまもりぬくのです。」

堂々《どうどう》たる政子《まさこ》のことばは、鎌倉殿《かまくらどの》とよばれた頼朝《よりとも》と苦労《くろう》をともに分かちあい、あゆんできた政子《まさこ》だからこそいえるものであった。

「ただし……。」

一同はきき耳を立てた。

「頼朝公《よりともこう》のご恩《おん》をわすれて、上皇方《じょうこうがた》に味方する者はすればよい。とがめはしない。おまえたちが京につくか鎌倉《かまくら》につくか、いますぐにえらびなさい。」

政子《まさこ》のことばに御家人《ごけにん》たちは、頼朝《よりとも》からうけた恩《おん》をあらためて思いおこし、感動のあまりみな泣《な》いた。そして、涙《なみだ》をぬぐいながら声を上げる。

「まことに。尼将軍《あましょうぐん》のおっしゃるとおりだ。」

「まちがっているのは京の上皇《じょうこう》さまだ。」

「鎌倉《かまくら》をまもるぞ。」

「おお、そうしよう。」

御家人《ごけにん》たちは、ただちに戦《いくさ》の準備《じゅんび》にかかった。

政子《まさこ》の演説《えんぜつ》のあと、夜になり義時邸《よしときてい》で重臣《じゅうしん》たちが会議《かいぎ》をひらいた。しかし、意見がふたつに分かれた。関東《かんとう》の軍勢《ぐんぜい》を足柄《あしがら》の箱根《はこね》におき、京の軍勢《ぐんぜい》の出かたをまつか、ただちに京へせめのぼるかがきまらない。

「※二位家《にいけ》、いかがいたしましょう。」

※二位家《にいけ》　政子《まさこ》のよび名。政子《まさこ》は朝廷《ちょうてい》から従二位《じゅにい》をあたえられていた。

義時《よしとき》は政子《まさこ》の前に手をついてたずねる。

「上洛《じょうらく》じゃ。京へせめのぼれ。」

政子《まさこ》は即断《そくだん》した。

「はは。ではただちに諸国《しょこく》へ命令《めいれい》いたします。」

政子《まさこ》の命令《めいれい》で、北条義時《ほうじょうよしとき》の息子、泰時《やすとき》のひきいる鎌倉方《かまくらがた》十九万の軍勢《ぐんぜい》は京をめざす。京方《きょうがた》の最後《さいご》の抵抗《ていこう》の戦《いくさ》は宇治《うじ》川であった。宇治《うじ》川で鎌倉方《かまくらがた》は多くの溺死者《できししゃ》や犠牲者《ぎせいしゃ》を出したが、ついに京方《きょうがた》の軍勢《ぐんぜい》をほろぼし、六月十五日京に入った。

後鳥羽上皇《ごとばじょうこう》は、鎌倉方《かまくらがた》に惨敗《ざんぱい》したことをうけ、

「わがこころざしならず、残念《ざんねん》じゃ。ただちに義時追討《よしときついとう》の命令《めいれい》を取りけし、京方《きょうがた》についた武《ぶ》将《しょう》をとらえよ。」

と命じた。

「承久《じょうきゅう》の乱《らん》」とよばれるこの戦《たたか》いのあと、武士《ぶし》の政権《せいけん》は六百年以上《いじょう》つづくことになる。

鎌倉幕府《かまくらばくふ》をたおそうとした後鳥羽上皇《ごとばじょうこう》は隠岐《おき》に、順徳上皇《じゅんとくじょうこう》は佐渡《さど》に島流しとなった。そし

て京には、幕府《ばくふ》の※六波羅探題《ろくはらたんだい》がおかれた。鎌倉《かまくら》の四代将軍《しょうぐん》を、京からむかえた九条頼経《くじょうよりつね》（三《み》寅《とら》）ではなく、尼御台所北条政子《あまみだいどころほうじょうまさこ》とよぶ者もあった。政子《まさこ》こそが関東《かんとう》の棟梁《とうりょう》であり、軍事《ぐんじ》行動の最高指揮権《さいこうしきけん》をにぎる者であったのである。

承久《じょうきゅう》の乱《らん》後、御家人《ごけにん》たちの武功《ぶこう》に、ほうびを分かちあたえたのは政子《まさこ》であった。

御家人《ごけにん》たちの声に耳をかたむけ、したしみ、いつくしんできた政子《まさこ》は、御家人《ごけにん》の精神的《せいしんてき》な柱でもあった。

承久《じょうきゅう》の乱《らん》から四年たった嘉禄《かろく》元（一二二五）年。政子《まさこ》は、亡《な》くなるまで、頼朝《よりとも》のことばどおり武家《ぶけ》の質素《しっそ》な暮《く》らしをとおし、六十九才の生涯《しょうがい》をしずかにとじた。夫《おっと》や子どもたちの死をたえぬいて、夫頼朝《おっとよりとも》との共同《きょうどう》事業である「ゆるぎなき武士《ぶし》の世をつくりまもる」ことにつらぬかれた一生であった。

『吾妻鏡《あづまかがみ》』には、政子《まさこ》が「神宮皇后《じんぐうこうごう》の生まれかわりのように天下をうごかした」としるされている。

※六波羅探題《ろくはらたんだい》　鎌倉幕府《かまくらばくふ》が京都においた出先機関《でさききかん》。朝廷《ちょうてい》の監視《かんし》と西《さい》国御家人《ごくごけにん》の取りまとめをした。

もっと知りたい!

北条政子《ほうじょうまさこ》と鎌倉幕府《かまくらばくふ》

北条政子《ほうじょうまさこ》と鎌倉幕府《かまくらばくふ》に関《かん》するゆかりの場所などを紹介《しょうかい》します。

蛭《ひる》ヶ島《がしま》公園

平治《へいじ》の乱《らん》で平清盛《たいらのきよもり》にやぶれた源《みなもとの》頼朝《よりとも》が流罪《るざい》になった地。いまは公園として整備《せいび》されている。園内には「蛭《ひる》ヶ島《がしま》の夫婦《ふうふ》」と題した頼朝《よりとも》と北《ほう》条政子《じょうまさこ》の像《ぞう》が立つ。

〒410-2123
静岡《しずおか》県伊豆《いず》の国《くに》市四日《よっか》町17-1

鶴岡八幡宮《つるがおかはちまんぐう》

一〇六三年に源頼義《みなもとのよりよし》が源氏《げんじ》の氏《うじ》神《がみ》、岩清水八幡《いわしみずはちまん》を由比《ゆい》ヶ浜《がはま》の近くにおいたのが起源《きげん》で、一一八〇年に頼《より》朝《とも》が現在《げんざい》の地にうつした。以降鶴岡《いこうつるがおか》八幡宮《はちまんぐう》は、源氏《げんじ》の氏神《うじがみ》、幕府《ばくふ》の守護《しゅご》社《しゃ》として鎌倉御家人《かまくらごけにん》たちの精神的《せいしんてき》な柱となった。

現在《げんざい》の社《しゃ》殿《でん》は江戸《えど》時代に再建《さいけん》されたもの。

〒248-8588
神奈川《かながわ》県鎌倉《かまくら》市雪ノ下《ゆきのした》2-1-31
☎0467-22-0315

鎌倉国宝館《かまくらこくほうかん》

鎌倉《かまくら》の社寺《しゃじ》につたわる国宝《こくほう》や文化《ぶんか》財《ざい》など約《やく》四千八百点を収蔵《しゅうぞう》する。鎌《かま》倉《くら》～室町《むろまち》期の彫刻《ちょうこく》や仏画《ぶつが》、鎌倉彫《かまくらぼり》の名品など、貴重《きちょう》な品々を見ることができる。

〒248-0005
神奈川《かながわ》県鎌倉《かまくら》市雪ノ下《ゆきのした》2-1-1
（鶴岡八幡宮境内《つるがおかはちまんぐうけいだい》横）
☎0467-22-0753

指月殿《しげつでん》

北条政子《ほうじょうまさこ》が、暗殺《あんさつ》されたわが子、源頼家《みなもとのよりいえ》の冥福《めいふく》をいのって建立《こんりゅう》した経《きょう》堂《どう》。指月《しげつ》とは経典《きょうてん》のことで、かつては鎌倉《かまくら》からおくられてきた数千巻《かん》にもおよぶ経典《きょうてん》をおさめる経堂《きょうどう》だった。

〒410-2416
静岡《しずおか》県伊豆《いず》市修善寺《しゅぜんじ》934
☎0558-72-2501（伊豆《いず》市観光協会修善寺支部《かんこうきょうかいしゅぜんじしぶ》）

寿福寺《じゅふくじ》

北条政子《ほうじょうまさこ》が夫頼朝《おっとよりとも》の菩提《ぼだい》をとむらうために、僧《そう》の栄西《えいさい》をまねいて建《た》てた。当時は七堂伽藍《しちどうがらん》と十四の塔《とう》がある大寺院《だいじいん》だった。境内《けいだい》うらには、政子《まさこ》と源実朝《みなもとのさねとも》の墓《はか》とつたわるやぐらがある。

〒248-0011
神奈川《かながわ》県鎌倉《かまくら》市扇ガ谷《おうぎがやつ》1丁目17-7
☎0467-22-6607

ウェブサイト

・鎌倉《かまくら》INFO
鎌倉市観光協会《かまくらしかんこうきょうかい》が運営《うんえい》するサイトで、古都のいろいろな楽しみ方を紹介《しょうかい》している。
http://kamakura-info.jp/

源平編《げんぺいへん》 年表

◉年表には、この巻《かん》でとりあげた時代のできごとをまとめています。
◉本編《ほんぺん》に出てくるできごとは太字でかかれています。

西暦《せいれき》	年号	おもなできごと
一一四七	久安三《きゅうあん》	・源頼朝《みなもとのよりとも》、源義朝《みなもとのよしとも》の三男として生まれる。
一一五九	平治元《へいじ》	・義朝《よしとも》の九男、義経《よしつね》が生まれる。 **・平治《へいじ》の乱《らん》で源義朝《みなもとのよしとも》が平清盛《たいらのきよもり》にやぶれる。よく年頼朝《よりとも》は伊豆《いず》（静岡《しずおか》県）の蛭ケ小島《ひるがこじま》へ流罪《るざい》となる。**
一一六七	仁安二《にんあん》	・平清盛《たいらのきよもり》、太政大臣《だいじょうだいじん》になる。
一一六九	嘉応元《かおう》	**・このころ、義経《よしつね》は京都の鞍馬寺《くらまでら》へあずけられる。**
一一七七	治承元《じしょう》	**・源頼朝《みなもとのよりとも》、北条政子《ほうじょうまさこ》と結婚《けっこん》する。**
一一七九	治承《じしょう》三	**・平清盛《たいらのきよもり》が後白河法皇《ごしらかわほうおう》をとじこめて院政《いんせい》を停止《ていし》させる。**

西暦《せいれき》	年号	おもなできごと
一一八五	文治元《ぶんじ》	**・義経《よしつね》が屋島《やしま》の戦《たたか》いで平氏軍《へいしぐん》をやぶる。** **・義経《よしつね》、壇《だん》の浦《うら》の戦《たたか》いで平氏《へいし》をほろぼす。** **・義経《よしつね》が後白河法皇《ごしらかわほうおう》にねがいでて、頼朝追討《よりともついとう》の命令《めいれい》を出させる。** **・頼朝《よりとも》の要求《ようきゅう》で、義経追討《よしつねついとう》の命令《めいれい》が出される。** **・頼朝《よりとも》が各国《かっこく》に守護《しゅご》、地頭《じとう》をおく。**
一一八七	文治《ぶんじ》三	**・義経《よしつね》が頼朝《よりとも》に追われて奥州平泉《おうしゅうひらいずみ》にのがれる。**
一一八九	文治《ぶんじ》五	**・藤原泰衡《ふじわらのやすひら》が義経《よしつね》をおそい、自害《じがい》させる。** **・頼朝《よりとも》が藤原泰衡《ふじわらのやすひら》を討《う》ち、奥州藤原《おうしゅうふじわら》氏《し》をほろぼす。**
一一九二	建久《けんきゅう》三	**・頼朝《よりとも》が征夷大将軍《せいいたいしょうぐん》ににんじられる。**
一一九九	正治元《しょうじ》	**・頼朝《よりとも》が亡《な》くなり、長男の頼家《よりいえ》があとをつぐ。** **・幕府《ばくふ》は、裁決《さいけつ》を頼家《よりいえ》でなく、十三人の有力御家人《ごけにん》の合議制《ごうぎせい》にする。**

一一八〇	治承《じしょう》四	・以仁王《もちひとおう》が平氏追討《へいしついとう》の命令《めいれい》を出す。 ・頼朝《よりとも》も兵《へい》をあげるが、石橋山《いしばしやま》の戦《たたか》いでやぶれる。 ・木曽《きそ》（源《みなもと》）義仲《よしなか》が信濃《しなの》の国（長野《ながの》県）で兵《へい》をあげる。 ・頼朝《よりとも》、兵《へい》をひきいて鎌倉《かまくら》へ入る。 ・頼朝《よりとも》、富士川《ふじかわ》の戦《たたか》いで平氏《へいし》をやぶる。源義経《みなもとのよしつね》が軍《ぐん》に加《くわ》わる。 ・頼朝《よりとも》が鎌倉《かまくら》に侍所《さむらいどころ》をもうける。
一一八一	養和《ようわ》元	・平清盛《たいらのきよもり》が病死《びょうし》する。
一一八三	寿永《じゅえい》二	・義仲《よしなか》が倶利伽羅峠《くりからとうげ》の戦《たたか》いで平氏《へいし》軍《ぐん》をやぶり、京へせめのぼる。 ・平氏《へいし》が安徳天皇《あんとくてんのう》とともに都からにげる。 ・後白河法皇《ごしらかわほうおう》が頼朝《よりとも》に東国一帯《とうごくいったい》を支配《しはい》することをみとめる。
一一八四	元暦《げんりゃく》元	・義仲《よしなか》、義経《よしつね》と範頼《のりより》の軍《ぐん》にやぶれて討《う》ち死《じ》にする。 ・義経《よしつね》が一《いち》の谷《たに》の戦《たたか》いで平氏軍《へいしぐん》をやぶる。

一二〇三	建仁《けんにん》三	・北条時政《ほうじょうときまさ》が御家人《ごけにん》の比企氏《ひきし》を討《う》つ。 ・源実朝《みなもとのさねとも》が三代将軍《しょうぐん》となり、北条時政《ほうじょうときまさ》が執権《しっけん》として補佐《ほさ》の役《やく》につく。 ・源頼家《みなもとのよりいえ》が伊豆《いず》の修善寺《しゅぜんじ》にとじこめられ、よく年ころされる。 ・将軍実朝《しょうぐんさねとも》の暗殺《あんさつ》をはかった北条時政《ほうじょうときまさ》が追放《ついほう》され、時政《ときまさ》の子で政子《まさこ》の弟義時《よしとき》が、二代執権《しっけん》となる。
一二一九	承久《じょうきゅう》元	・実朝《さねとも》が兄頼家《よりいえ》の子、公暁《くぎょう》にころされ、源氏《げんじ》の将軍《しょうぐん》は三代でとだえる。
一二二一	承久《じょうきゅう》三	・承久《じょうきゅう》の乱《らん》が起こり、幕府軍《ばくふぐん》は後鳥羽上皇《ごとばじょうこう》に勝利《しょうり》する。 ・京都に六波羅探題《ろくはらたんだい》がおかれる。
一二二四	元仁《げんにん》元	・北条泰時《ほうじょうやすとき》が三代執権《しっけん》となる。
一二二五	元仁《げんにん》二	・北条政子《ほうじょうまさこ》が亡《な》くなる。

◉執筆者

国松俊英 くにまつ としひで（第一話）

児童文学作家。童話や児童小説のほか、ノンフィクション作品を多く書いている。主な作品に『スズメの大研究』（PHP研究所）、『トキよ未来へはばたけ』（くもん出版）、『伊能忠敬』『新島八重　会津と京都に咲いた大輪の花』（いずれも岩崎書店）がある。東京都在住。

大庭 桂 おおば けい（第二話・第三話）

児童文学作家。福井県勝山市平泉寺町在住で神職の資格も持つ。毎日児童小説最優秀賞、長塚節文学賞大賞、海洋文学賞などを受賞。作品に『竜の谷のひみつ』『海のそこの電話局』『うらないババと石川五ニャえもん』（旺文社）などがある。

◉協力者一覧

編集制作　株式会社アルバ
イラスト　村田桃香（京田クリエーション）
装丁・デザイン　若狭陽一
DTP協力　岸 信雄
作図協力　大畠 嗣

◉写真協力

赤間神宮、静岡県文化・観光部文化政策課、平泉観光協会、伊豆新聞、小野雅紀

物語で楽しむ
歴史が変わったあの一瞬2
源平編

2013年4月　初版第一刷発行
2020年4月　3刷発行

監修　平泉隆房・平泉紀房
発行者　升川和雄
発行所　株式会社教育画劇
住所　東京都渋谷区千駄ヶ谷5-17-15
電話　03-3341-3400（営業）
03-3341-1458（編集）
http://www.kyouikugageki.co.jp
振替　00150-9-29855
印刷　大日本印刷株式会社

NDC210・913/128P/22×16cm　ISBN978-4-7746-1719-0（全5冊セットコードISBN978-4-7746-1723-7）